钮雪林 著

愿景共遂

高职教育内涵质量建设创新探索与实践

YUANJING GONGSUI
GAOZHI JIAOYU NEIHAN ZHILIANG JIANSHE
CHUANGXIN TANSUO YU SHIJIAN

苏州大学出版社
Soochow University Press

图书在版编目（CIP）数据

愿景共遂：高职教育内涵质量建设创新探索与实践/钮雪林著．—苏州：苏州大学出版社，2023.6
ISBN 978－7－5672－4355－2

Ⅰ．①愿… Ⅱ．①钮… Ⅲ．①高等职业教育-教育质量-研究-苏州 Ⅳ．①G718.5

中国国家版本馆 CIP 数据核字（2023）第 089937 号

书　　　名：	愿景共遂——高职教育内涵质量建设创新探索与实践
著　　　者：	钮雪林
责任编辑：	沈　琴
助理编辑：	赵文昭
装帧设计：	吴　钰
出版发行：	苏州大学出版社（Soochow University Press）
社　　　址：	苏州市十梓街 1 号　邮编：215006
印　　　刷：	苏州工业园区美柯乐制版印务有限责任公司
邮购热线：	0512－67480030
销售热线：	0512－67481020
开　　　本：	700 mm×1 000 mm　1/16　印张：8　字数：108 千
版　　　次：	2023 年 6 月第 1 版
印　　　次：	2023 年 6 月第 1 次印刷
书　　　号：	ISBN 978－7－5672－4355－2
定　　　价：	39.00 元

图书若有印装错误，本社负责调换
苏州大学出版社营销部　电话：0512－67481020
苏州大学出版社网址　http：//www.sudapress.com
苏州大学出版社邮箱　sdcbs@suda.edu.cn

谨将此书献给我的母校
苏州市职业大学

感 言
（代自序）

时光荏苒，岁月如梭。2016年初春，我从苏州市质量技术监督局局长岗位转任为苏州市职业大学党委书记，步入神圣的教育战线，在美丽的苏州石湖之畔，度过七年的美好校园工作时光。我从一名教育工作的"门外汉"，转型为高职院校管理者，得到了学校历任领导、广大师生的包容和支持，对此深表感谢！

回顾这段人生经历，感言良多。

我深切领悟到，高职院校，责任重大。2016年12月，习近平总书记在全国高校思想政治工作会议上对高校提出"四个服务"的根本要求。2019年1月，国务院印发《国家职业教育改革实施方案》。2021年4月，习近平总书记对职业教育工作作出重要指示，强调要"培养更多高素质技术技能人才、能工巧匠、大国工匠"。党的二十大又为职业教育展现了新图景。职业教育步入发展的新时代，我和同事们团结协作，共定政策，创新奋进举措；我和教师们对话探讨，共研专业，推动教学科研；我和学生们座谈交流，共商学业，憧憬美好人生。我们肩负起高职教育的光荣使命，落实立德树人根本任务，努力为党育人、为国育才。

我深切感悟到，教育管理，创新至要。我注意抓住"质量""创新""融合""服务"这些关键词开展工作。将"坚持质量为先，坚定精准发展"作为学校的总体工作思路，大力推进内涵质量建设；广泛开展"创新争先，创优争光"活动，将创新发展贯穿于学校各个领域，鼓励创新，激励先进；将苏州地方发展中的成功经验导入学校管理服务之中，积极推行校地资源循环共享、产教深度融合；着力建设优质服务的政策机制，努力创造"营教、营学、营研"三个最优环境，成就教师、成就学生，培养"高品德、高技能、高适应性"技术技能人才。

我深切体悟到，学校发展，愿景引领。我主持制定实施"十三五""十四五"学校事业发展规划和一批专项规划，并针对因升本而放弃当时国家、省示范性高职院校和"双高"院校申报的情况，提出不能因此而失去奋斗方向，要以建设"全国一流品质院校"为目标愿景，明确了四项具体要求，在内涵式高质量发展上定指标、下任务、强考核。同时积极寻求职业本科学校建设的实现路径。

回望这段岁月，我把学校的发展放在心中，深爱着这里的一草一木、一桥一路、一室（教室）一堂（食堂）、一师一生，看着校园更美丽了、更整洁了、更秩序井然了，我的内心满是喜悦；看着教师们教学科研热情提高了、项目丰富了、收入增加了，我的内心十分欣慰；看着学生学习更认真了、竞赛获奖增多了、就业更好了，我的内心非常高兴；看着学校干部服务意识增强了、工作效率提升了、基层满意度改善了，我的内心充满感激。

由于自己能力、水平有限，一些工作完成得不够圆满，不少举措未能落实到位。特别是苏职大人长期为之奋斗的建设本科学校梦想，这几年虽经努力，但仍未能如愿，对此深感遗憾。经过深思熟虑，我决定在离任之后，将在苏职大工作期间发表的一些文章和部分发言稿整理成册，起名为"愿景共遂"，以期为共推高职教育事业新发展，共遂职业本科办学愿景，再献一份绵薄之力。

书中还收录了我为苏州发展建言的 5 篇文章，权作我长期在苏州市委、市政府部门工作的情结所系。

因本人对高职教育缺乏系统的研究，书中内容尚无体系可言，不当之处，敬请同事、同行们批评指正。

钮雪林
2022 年 12 月 18 日

第一篇　内涵质量建设

努力建设全国一流品质院校的目标愿景 ················· 3

新质量时代高职院校宜精准发展 ····················· 6

建设"一流品质院校"领导干部治理能力高质量提升的思考
　　——以苏州市职业大学为例 ···················· 10

采取大力度改革创新举措，力求高质量发展成果显现 ········· 18

数字经济背景下高职院校专业建设"四化四机制"创新发展的思考
　　——以苏州市职业大学为例 ···················· 26

第二篇　校地资源融合

在校地全面合作、产教深度融合中焕发学校发展新活力
　　···································· 37

大力推动资源整合共享与专业调整优化 ················· 45

高职教育校地资源"五双同构"融合循环共享的创新实践
　　——以苏州市职业大学为例 ···················· 52

以"融合共建"深化高校党建内涵 ···················· 60

构筑新时代江南廉洁文化高地 …………………………………… 64

第三篇　思政教育创新

自信奋斗才能成就精彩人生 …………………………………… 71
创新思政工作"四个导向"，增强育人使命责任担当 …………… 77
筑牢新时代高校思政工作主阵地 ……………………………… 84
实施"五型组合联动"，高质量推进思政课建设创新发展
　　………………………………………………………………… 90

第四篇　苏州发展建言

关于经济新常态下以质量引领求发展的思考 ………………… 97
"品质为本"炼就"精致苏州" …………………………………… 101
苏州"三大法宝"赋能新时代推动新发展 ……………………… 104
党的改革开放伟大创举在苏州的成功实践 …………………… 109
数字经济时代苏州加快释放"四种红利"的建议 ……………… 112

后记 ……………………………………………………………… 116

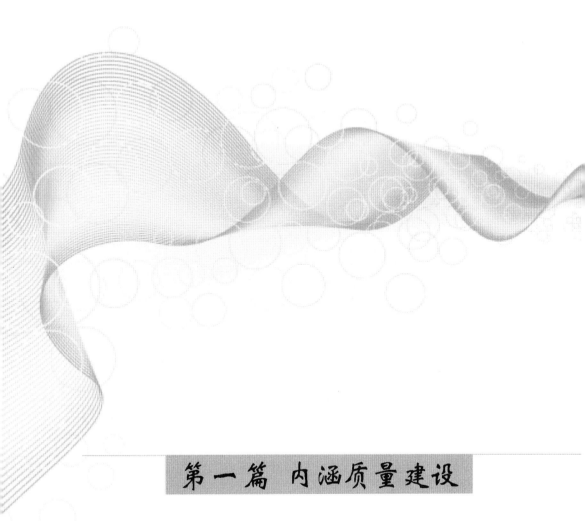

第一篇 内涵质量建设

努力建设全国一流品质
院校的目标愿景

2017年9月，在学校第二次党代会上作工作报告

2017年9月，学校第二次党代会选举产生新一届党委委员

第一篇 内涵质量建设

苏州市职业大学身处经济发达地区，办学历史悠久，基础条件优越，发展潜力较强，未来五年时间，应将建设"全国一流品质院校"作为目标愿景。"品质院校"，包含着育人的品德、办学的质量和品牌的效应。通过努力，把我校打造成同类院校的苏州排头兵、江苏先行军，跻身全国一流方阵，迈向国际办学行列。

要实现这一目标愿景，我们必须清醒认识和积极应对面临的挑战和机遇。从国家战略层面看，党和国家对职业教育重视和关心程度空前，长远发展前景看好。但社会上仍然存在片面看法，应用型人才的社会地位还不高，制约着当前职业院校的发展。从社会发展层面看，随着产业的加速升级、社会建设管理的不断进步，对应用型人才的需求增加、质量要求提高，同时也对人才培养提出了新的更高要求。从同行竞争层面看，一大批本科院校转到应用型教育领域，现有的国家级、省级示范性和骨干高职院校的优势地位，都将对我校的发展带来很大影响。同时也倒逼我们变压力为动力，增强发展竞争力。从服务地方层面看，今后五年是苏州高水平全面建成小康社会决胜阶段，迫切需要高校投入"名城名校"建设之中，也由此对我校的工作提出更大考验。同时市委、市政府也将进一步重视我校发展，有利于创造更好的办学条件。从大学生管理层面看，一方面，由于思想文化和意识形态领域的情况复杂，高校思政工作难度加大；另一方面，中央和各级党委高度关注思政建设，为做好这项工作提供了良好环境。为此，我们一定要扬长避短、趋利避害，化挑战为机遇，顺应经济社会发展新趋势，把握教育事业质量发展新常态，敢于自加压力，勇于争先进位，开拓奋进，创新发展，努力把我校事业推上一个新台阶。

建成全国一流品质院校，具体来说，应主要体现在以下几个方面。

第一，质量创新成效显著，特色优势更加鲜明。品牌提升成为内涵质量建设的核心，品质管理全面加强，教学、科研、管理、服务等各项工作的质量水平全面提升,"质量红利"得到显现。创新发展举措,着力培育出一批新的特色和亮点,创造出更加鲜活的、成功的、可复制的特色经验。

第二,精准发展全面实施,内生驱动更加有力。立足我校实际和升本要求,加强对标分析,加大精准发力,实现精准发展,形成工作标准化、数据化、流程化、精细化格局。体制、机制改革深入推进,内生动力明显增强,"双创双争"(创新争先、创优争光)活动取得佳绩,学校发展呈现出蓬勃生机。

第三,多方协同格局形成,深度融合更加突出。协同融合创新渗透在学校改革发展之中,实现校企协同、产教深度融合,更好服务苏州经济社会发展;实现内外协同、校地深度融合,学校与地方资源互相贯通、共享双赢;实现院系协同、文理深度融合,学生培养呈现跨院系、跨专业的创新型、复合型、应用型发展局面;实现工学协同、德能深度融合,造就全面发展的人才队伍。

第四,以人为本持续深化,文明程度更加凸显。师生主体地位和首创精神得到充分尊重,成就学生、成就教师取得明显成效,工作学习"硬环境"、成长成才"软环境"得到进一步改善。社会主义核心价值观深入人心,"勤、勇、忠、信"校训精神广泛传承,文明校园建设获得高水平提升。

(本文系作者 2017 年 9 月 28 日在苏州市职业大学第二次党代会上所作工作报告的部分内容)

新质量时代高职院校宜精准发展

2017年11月，苏州市现代光电职业教育集团成立大会

2022年4月，学校质量文化重点建设年工作总结会议

我国高等教育正处在从数量扩张型转到质量提高型的"新质量时代",从国家层面到每个教育单位,不能再盲目追求"高大上",而应该从自身的实际出发,走精准发展之路。特别是与产业发展密切相关的高职院校,更要在精准发展上下功夫,从国家的总体要求出发,根据本地、本校的实际和高职教育的特性,精准对接区域经济社会发展格局,精准打造办学的亮点、特色、优势,精准培育高素质的技术技能人才,为经济转型升级,为"中国创造""中国智造"提供技术人才保障。

一、精准构建特色优势

学校要形成可持续发展的强大竞争力,关键在于构建鲜明的办学亮点、特色和优势,我们将其分解为五个"精准性"。

第一,增强产教融合的精准性。作为苏州市政府创办的职业大学,必须为当地经济社会发展服务,紧密对接苏州产业发展,大力加强产教融合,推进"校企、校行、校政、校地"的对接,与企业、行业、部门、地方政府进行"广领域、深层次、紧密型、重实效"的全面合作,为苏州先进制造业、新兴产业、现代服务业等行业输送急需人才。

第二,增强专业优化设置的精准性。既要从学校现有条件出发,又要紧扣地方发展需求,优化整合现有专业,重点建设品牌专业和专业群。专业设置既要打破学院之间的分割,从学校层面优化配置资源,实现教学资源的优化组合;又要打破不同专业间的阻隔,实现课程内容的互相融通,探索跨院系、跨专业的交叉培养新路子。

第三,增强扶持创新团队的精准性。要从学校现有基础和发展前瞻性出发,将内部资源与校外资源有机整合,挑选一批与地方经济社会发展密切相关的实用型团队,服务中小企业的科技创新。如精准选出一批重点科研项目和创新团队、平台,给予工作场所、设备投入、科研经费、绩效考核等多方面支持。

第四,增强创业就业的精准性。要以学生为中心开展教育教学,为他们的创业就业提供良好的条件。要根据经济社会的发展,有的放矢加以施教,进行定向化、个性化教学。要借助校企合作平台为学生提供良好的实习场所、工作通道,并进行基地化、建制化、集团化的就业推荐安排;同时鼓励有项目、有志向的学生探索创业之路,真正"成就学生"。

第五,增强竞赛成效的精准性。学生参加竞赛层次高、获奖多,是体现一所学校高质量办学的重要方面。针对各类竞赛纷繁众多的情况,应从学校实际出发,有计划、分层次、分类别地统筹协调,明确学校层面、学院层面的参赛项目,有所侧重地加以支持和激励。

二、精准提升教师队伍

一支优秀的教师队伍必然会成就一所品牌学校。遵循"成就教师"的理念,加强教师队伍建设。有针对性地对教师进行培育、提升,精准拓展他们的能力、提升他们的素质。采取激励政策,引进紧缺型的人才团队,加强"双师型"队伍建设,发掘每位教师的潜能。同时要处理好科研与教学的关系,克服唯论文、唯职称、唯头衔、重研轻教等倾向,鼓励教师带好学生、上好课程。此外,精准完善管理制度,真正以制度管人、管事、管学,释放制度"红利",激发学校的内在动力和创新活力。比如,如何推进产教融合、校企合作,如何推动教育教学质量的创新提升,如何促进科研成果转化,都需要制度来保障。

三、精准建设学风校风

在增加学校硬件投入的同时,必须高度重视软实力的提升,抓好学风校风建设。一要培育好工匠精神。我校的吴文化园是国家级教育基地,可充分发挥其传承创新优秀传统文化的作用,激励广大干部、教师、学生形成刻苦钻研、精益求精、认真负责、追求卓越的工匠精神，建设好校园文化。二要培养好学生的乐观进取精神。加强对学生人生规划的教育，使学生树立拼搏进取、百折不挠、积极向上的精神，能够直面困难、努力学习、珍惜生命，追求美好生活，力求人生出彩。为此，我们将筹建学校"抗挫折教育体验馆"，加强挫折教育，增强学生的抗挫折能力。三要形成争先创优的浓厚氛围。以一流应用型本科院校来衡量，促进学校跨越式发展。

精准发展，对学校的教学、科研、管理等多方面工作也提出了新的课题，标准更高了，要求更严了，考核也更透明了。如何在教学创新、科研发展、专业建设、平台创建、校企合作、创业就业、学生管理等方面制定明确的、量化的提升指标体系，进一步增强绩效考核的科学性、合理性、指导性，也是推动学校在新质量时代取得新发展的重要工作之一。

（本文刊载于2017年4月30日《光明日报》，有改动）

建设"一流品质院校"领导干部治理能力高质量提升的思考

——以苏州市职业大学为例

2017年7月,学校举行中层干部综合能力提升研修(清华大学)

2022年3月,学校党委理论学习中心组集中学习研讨

党和国家十分重视治理能力现代化的问题。党的十八届三中全会明确提出全面深化改革的总目标，"就是完善和发展中国特色社会主义制度、推进国家治理体系和治理能力现代化。"[1]党的十九大报告指出："国家治理体系和治理能力有待加强"，要求"加快一流大学和一流学科建设，实现高等教育内涵式发展"[2]。进入新时代，苏州市职业大学要开启内涵式高质量发展的新征程，建设全国"一流品质院校"，首先必须要有一支一流的领导干部队伍，以领导干部治理能力的高质量保障和推动学校的内涵式发展。

本文所述的领导干部，是指学校中层及以上的校院两级管理干部。提升领导干部的治理能力，要以习近平新时代中国特色社会主义思想为指导，进一步解放思想，坚持与时俱进，创新工作思路、工作举措，适应新时代高质量发展的新要求。"一流品质院校"建设，要立足于培育"高品德"人才，打造"高质量学校"。这需要一段时间的奋斗，不可能一蹴而就，要以国家现代大学制度为保障，贯彻执行党的教育方针，落实立德树人的根本任务，加快完善学校内部治理结构，制订具体的可执行的方式方法，实施规范有效管理[3]。在这个进程中，学校要从一般层面的"管理"向更高要求的"治理"转变，在"品质"建设方面下功夫。

一、创建一流的思想观念，做到"三高三强"

思路决定出路。思想观念的新旧、优劣，决定着工作的胜负、成败。要以思想的大解放，推动事业的大发展，促进治理能力的高质量提升。

第一，大局站位要高。一名优秀的领导干部，胸襟要宽、眼界要高、视野要广。要在迅速发展的全市、全省，甚至全国、全球背景下来思考和研究问题，进行对标分析，不仅看到今天，还要看到明天、后天，每走一步棋都要考虑以后的几步棋。高职院校的学生培养、专业建设、团队平台培育、项目推进、成果转化、核心竞争

力打造、质量文化塑造等方面,都要站得高、看得远,料事要早、行动要快。

第二,标准要求要高。苏州市职业大学办学早、基础好,地处苏州这一改革开放先进城市,应该力求工作高标准、严要求,以高水平发展、创一流品质,来定位发展愿景和发展目标。不能小富即安、小胜即满,而要瞄准全国一流先进院校虚心学习、追赶发展。要积极实施已确立的"861内涵质量指标体系"(8个一级指标、60个二级指标、100个三级指标),不断推进内涵质量建设。同时要坚持依法治校,按学校章程办事,执行好工作规范,建设法治学校。

第三,干劲热情要高。领导干部是学校工作的带头人,工作上要想在前、干在前,要率先垂范。做事情、干工作,不能吞吞吐吐、无精打采、慢慢悠悠,而要有满腔热情,要有一团朝气、锐气,要有一种闯劲、韧劲,只争朝夕,朝气蓬勃,像一轮喷薄而出的朝阳那样富有强大活力。

第四,进取竞争要强。要保持一颗进取的心,创新争先、创优争光,敢于面对挑战,善于展开竞争,在竞争中锤炼本领、增强才干,在竞争中壮大实力、提升能力,在竞争中获取业绩、发展进步。日常工作中,要加强对全校师生进取能力和竞争意识的培育,构建学校发展核心竞争力,追求一流发展目标。

第五,与时俱进要强。不能用老思路、老办法来解决新问题、新矛盾。要增强思维的敏锐性和洞察力,紧紧把握经济社会发展的新方向、新脉搏,紧紧把握产业升级和人才培养的新趋势、新规律,紧紧把握高等教育内涵质量建设的新变化、新态势,抓住新机遇、迎接新挑战,主动出击、乘势而上、奋发有为,与时代同呼吸、同发展、同进步。

第六,服务意识要强。"领导就是服务"。领导干部要率先增强服务意识,坚持以学生为中心、教师为主体,以服务师生为己任,甘做"服务员",为学校发展提供优质高效的服务。要寓管理于服务之中，在服务中体现治理能力，在服务中提高治理水平，在服务中增强发展活力。

二、创建一流的领导方法，做到"三个善于、三个勇于"

推进"一流品质院校"建设，迫切需要领导干部具备与时代相适应、与学校实际相吻合的，科学有效的领导艺术和领导方法。

第一，善于学习明思路。领导干部要不断地、持之以恒地学习，加强理论研究，从书本中获取知识；要经常向教师、学生及同事们虚心请教，听取意见建议；要深入经济社会第一线，了解发展态势，汲取工作营养；要向全国的先进院校学习取经，补缺、补软、补短，并善于在学习中总结思考、分析研判，梳理出工作思路、发展举措。

第二，善于激活建机制。作为领导干部，非常重要的工作是调动和激发基层、师生的干事激情、学习热情。要达到这一程度，取决于几个方面：领导干部的人格作用、领导班子的集体力量，以及有无推动人们奋力实现的目标愿景，能否建立有效激励的政策机制，是否实施公开、公平、公正的评价考核等。其中，特别重要的是要建立良好的政策机制，营造良性的生态环境。

第三，善于发现解难题。领导干部要坚持深入基层调研，善于帮助师生和基层解决实际问题。对师生和基层的诉求，少说"不"，多说"好"。要破除工作上"堵、推、拖"的现象，防止简单问题复杂化，也不能用简单化、一刀切的办法处理复杂问题。管理部门要多为学院（部）排忧解难，两者应是"一家亲"，而不是"两张皮"。

第四，勇于用人树正气。用什么样的人，是根指挥棒。我们虽然不能保证每个人都用得非常得当，但必须坚持正确的用人标准，公正用人，不能以自己的好恶选人用人，更不能搞"小圈子"，要让德才兼备好干部脱颖而出。人无十全十美，要用人之长，避其之短。既要注重培养能力强、素质高的年轻干部，又要用好各年龄段的人员；既要发挥好学校培养的人才作用，又要用好引进的各类人才，不能顾此失彼，为广大管理人员、教师成长成才提供公平的机会和平台，营造良好的政治生态。

第五，勇于担责敢作为。领导干部，既要用好权，更要担当责任、敢于作为。改革开放四十年来的经验，特别是我们身处的苏州的发展历程证明了这一点。学校党委要为担当者担当，为干事者撑腰。全校要形成敢于担当、勇于作为的良好氛围。对破坏发展、败坏师德师风的行为，要敢于管理、勇于亮剑。

第六，勇于严管强党建。要切实推动全面从严治党向纵深发展，以党建引领推动各项事业的发展。领导干部必须从严自律保清廉，这是基本的底线，无私才能无畏，才能治理到位。学校党委要切实履行主体责任，每位领导要落实"一岗双责"，坚守廉洁阵地，加强思想政治工作、意识形态工作，坚决做到守土有责、守土负责、守土尽责。

三、创建一流的工作举措，做到"六个大力度"

要围绕内涵式高质量发展，积极实施强有力的、切实有效的工作措施。

第一，整体规划要大力度。学校层面要从长远发展目标出发谋划发展，要有系统性的规划、整体性的联动，寻求重点突破的领域，打造具有核心竞争力的特色优势，不能零敲碎打、东一榔头西一棒槌、缺乏关联地开展工作。二级学院（部）要按照学校的整体布局，抓好教育教学、科技创新发展。

第二，团结共事要大力度。一个单位、一个班子内部，要加强团结、协作共事，形成合力，减少内耗。强化平时的沟通，要在会前协调上多下功夫，统一意见，达成共识；会议上集体决定的事项，要落实、要执行。如有不同意见可保留，但会后不能出现影响团结的言行。不能把工作上的不同意见，变成个人之间的恩怨。

第三，协同融合要大力度。全校各管理部门、各学院（部）之间工作上不能单打独斗，而要相互配合、相互支持，大事讲原则、小事讲风格。人才培养、专业提升、团队平台培育、项目建设、社会服务等方面，都要力求跨专业、跨学院、跨校界合作实施。学校内部资源与校外社会资源要协同融合、开放共享、互惠互用，大力推进全方位、全领域、全过程的校地合作，谋求校地的双赢发展。

第四，创新争先要大力度。创新是引领发展的第一动力。新时代学校的新发展，必然要求工作上进行创新探索。要用创新来推动创优、争先，使苏州市职业大学的发展与苏州在全省、全国的地位相适应，与苏州产业转型升级的需求相适应，与全国高等教育事业的发展态势相适应，推动"一流品质院校"目标早日实现。

第五，精准发展要大力度。学校发展必须根据自身实际，有所为有所不为。要精准确定发展的方向和目标，精准选取改革重点和工作举措，精准打造自身的特色和优势。最近几年，学校将着力建设五个基地：先进产业人才培养基地、新兴应用技术研发基地、吴文化传承创新基地、服务地方建言献策基地、国际化人才合作交流基地。

第六，督查考核要大力度。学校部署的工作，要明确具体项目和指标、推进路径、时间要求，持续抓好督促检查、落实收效工作。考核工作要贯穿科学性、严肃性，坚持公开、公平、公正性，体现发展进取的激励性。要坚持日常督查与年度绩效考核相结合，用实绩和数据来评价优劣、兑现奖惩。

四、创建一流的体制机制，实施"放管服"改革

教育行政管理领域的"放管服"工作，教育部、江苏省的有关部门已经部署，并正在推进。高校内部自身的"放管服"改革，有些学校已迈出了较大步伐，我校这方面提出的要求比较早，有些方面也有了动作，但还未真正全面展开。这项工作，既是领导方法问题，也是校内体制机制的改革问题，要推进下去，让责权利有效统一，让办事流程更加透明，让基层活力充分释放，加快"一流品质院校"建设。

"放管服"改革涉及学校、部门、学院（部）三个层级，学校对此要进行统筹规划、整体布局、系统推进。

"放"，按照逐级下放的原则，学校向部门，部门向学院（部），学院（部）向系室、团队平台放权。把该放的放掉，该管的管好、管到位。逐级逐批放权，成熟一批下放一批，三个层级中已过时、不适用的规定，要梳理出来，发文废止。

"管"，要从履职监管的角度，把握好"管"的尺度。从三个层级分别列出权力清单、责任清单，明确管的内容、管的程度、管的责任，并运用信息化手段，提高现代化治理能力。要增强管理人员的责任心和敏锐性，及时发现问题，快速解决问题和化解矛盾。

"服"，这是重点、关键。要推进多层级协同融合的"服务型学校"建设步伐。一是要有服务的理念意识。下属单位不仅是管理对象，更是服务对象，做好服务工作是根本职责。二是要有服务的宽广胸怀。管理部门要向服务型组织转型，对广大师生要有服务的情怀，这是新形势下高校改革发展的重要之举。三是要有实在的服务举措。要推出切实的服务内容，是真服务而不是假服务，不能变相地"管、卡"。四是要有明显的服务实效。通过改革提高工作效率效能，展现服务成绩成效，增强学校内涵质量发展实力。

"一流品质院校"建设，是一个持续的奋斗目标，要有一段持久努力的过程。为此，需要校院领导干部带头践行、广大教师学生共同努力，需要建设创新发展、精准发展的政策机制，需要推进依法治校、深化内部治理结构，不断提升治理能力的现代化水平，谱写好新时代高职院校内涵式高质量发展的新篇章！

参考文献：

［1］习近平. 习近平谈治国理政［M］. 北京：外文出版社，2014：104.

［2］习近平. 决胜全面建成小康社会　夺取新时代中国特色社会主义伟大胜利［M］//《党的十九大报告辅导读本》编写组. 党的十九大报告辅导读本. 北京：人民出版社，2017：9，45.

［3］柴葳. 加快建成一批世界一流大学和一流学科——教育部有关负责人就《统筹推进世界一流大学和一流学科建设总体方案》答记者问［N］. 中国教育报，2015-11-06（03）.

（本文系作者2018—2019学年度上学期学校中层干部培训班上的发言稿整理而成，刊载于《苏州市职业大学学报》2019年第1期，有改动）

采取大力度改革创新举措，力求高质量发展成果显现

2016年9月，学校举行改革创新发展研讨会

2021年11月，苏州市职业大学建校40周年暨办学110周年高质量发展大会

"十三五"圆满收官,"十四五"全面开启。在这充满机遇和挑战的时代,我校两级领导干部静下心来,对2021年工作以及今后五年的发展进行认真研究思考、精心谋划布局,很有必要。

2021年是一个非常特殊的年份,我们将迎来中国共产党成立100周年,这是实施"十四五"规划、全面建设社会主义现代化国家开局之年,也是纪念苏州市职业大学成立40周年、苏州工业专科学校办学110周年之年。学校在"不惑之年"以及今后五年的发展阶段,需要以问题为导向,在现有雄厚资源基础上,立足建设"全国一流品质院校",突出以高质量发展为核心,筹划好重点实施任务、核心质量指标、改革创新举措,实施好"十四五"规划,各个领域、各项工作都要围绕高质量目标,力争取得突破性进展。

"十四五"期间,是学校发展的关键阶段。如果要用精练语言概括,那就是:高质量发展,大力度改革,突破性成果,严肃性管理。

一、把握新思想,在推进政治领域高质量建设上下功夫

第一,注重政治引领。中国的高校,特别是公办高校,是具有政治属性的。为此,要深入学习、深刻把握习近平新时代中国特色社会主义思想,加强政治建设,坚持社会主义办学方向不动摇,坚守意识形态主阵地不放松,保持政治上清醒不懈怠,进一步增强"四个意识"、坚定"四个自信"、做到"两个维护"。

第二,注重党建创新。不断深化、拓展融合党建工作,重点推动教学、科研、管理、社会服务等方面融合联动,见真效、出实效。要运用现代数字化新技术,创新思想政治教育方式方法。要全面从严治党,敢于亮剑,动真碰硬,解决一些管理领域还不同程度存在的"宽松软"问题。

第三,注重示范带头。要开展"三个带头"活动。一是领导带头,校领导、中层干部要率先垂范,带头开展工作、多作贡献;二是党员带头,通过开展"党徽亮、先锋强"活动,促进党员的作用

进一步发挥;三是高层次人才带头,正高副高级人员、博士要带头出高质量成果,奉献学校发展。

二、立足新阶段,在夺取改革创新高质量成果上下功夫

思想是行动的先导,思路决定出路。在国家进入全面建设社会主义现代化的新发展阶段,在苏州市职业大学跨入建校40周年的新历程中,在努力实现提升办学层次梦想的新进程中,我们在座的两级领导干部,是否有一种不一样的心情,是吹响冲锋号的澎湃激情,还是无所谓地过日子?是自加压力高水平发展,还是得过且过随便应付?如果缺乏锐意进取的拼搏精神,缺乏敢为人先的创新精神,缺乏敢于负责的担当精神,大力度的改革创新就无法开展,高质量的发展也无从谈起。因此,希望进入"十四五"时期后,尽快消除这方面的思想状况,以全新的姿态投入新发展阶段的新征程之中。

第一,整体布局要新。"十四五"时期学校发展的总体思路,初步考虑是"1331"的新布局,即一个目标方向——坚持内涵式高质量发展,建设"全国一流品质院校",努力实现职业本科办学梦想;三个最优环境——打造最优"营教""营学""营研"环境;三个满意成效——力求政府满意、社会满意、师生满意;一个坚强保障——党的建设。

第二,质量指标要高。学校要对原来的质量指标体系做出调整,一般性的指标要减少或不予列入,重点设立学校需要改变的弱项指标,下一步需要突破的重点指标,以及体现高质量发展要求的核心指标,努力实现一批标志性成果。指标的确定,要对照"双高"院校、应用型本科高校,对照建设"全国一流品质院校",对照苏州地方在全省、全国的地位,力求"争当表率、争做示范、走在前列",持续"创新争先、创优争光",从学校拥有的资源配置(人、财、物)和努力争取实现的目标出发,自上而下、自下而上相结合,高标准、严要求,自加压力,以自上而下为主来设定,发掘全力、追

求卓越，体现高质量发展要求。

初步考虑，对学院（部）的考核指标包含三大部分：一是基础要求指标（必须完成）；二是提升进取指标（在上年基础上需有进步、有进展）；三是创新突破指标（这是重点鼓励激励的部分）。学院（部）的人财物占有情况、使用情况要进入考核；文科、工科学院、三个基础部的考核办法应有所区别。考核总分1 000分，根据三大指标分别赋分，考核后结算分数，达不到某分数线的要扣绩效奖励，超出分数线的，给予奖励，同时与评先评优、干部提任挂钩。

第三，改革力度要大。重点推进以下几项改革：

一是职称评审制度改革。职称评审制度要有大的改革，体现明确的激励导向。要从职业教育出发，立足提高职称评审质量，以品德、业绩、能力论英雄，强调师德师风、从事公共事务、高质量学术论文、社会服务实效等方面，对业绩特别突出的可予以破格提升。

二是强化精准化考核。对管理部门考核的指标体系、具体要求，要根据形势要求的变化，进行调整完善。对学院（部）的考核，除上文提及之外，重点是延伸到对个人的考核，打破"大锅饭"，实行精准考核。根据每位专任教师的业绩，分别核算，基本的"阳光奖"要控制数量，并设定上限；职称等级的奖励系数要弱化，鼓励教授、副教授多出业绩，更多贡献高水平项目、高质量成果。

三是改革教学质量评价制度。针对存在的问题，要拿出改革的办法。目前每年30%的教师可获得"教学优"，10%的教师可获得教学质量奖，并有现金奖励。但几年来的事实情况说明，这样的评选制度已起不到明显的激励作用。对此，要引起重视，怎么来破解这个问题，要从全校整体上加以研究，出台更加科学合理的评价办法，使教学质量真正得到提升，打造质量品牌。

四是实行全员参与团队平台建设。从现在起，各学院（部）马上着手，根据专业建设、科研发展、学生管理、社会服务等方面的需要，在原有基础上，广泛组建各类教学创新团队、教学科研团队、技术研发服务团队,以及教育教学平台、科技平台、学生社团等,所有专任教师、学院(部)行政人员、学校管理部门人员,全部要参与或联系服务团队、平台的建设工作,要排出名单,落到实处。团队、平台,实行分类管理,可分院级、校级以及市级、省级,并不断逐级提升。各类团队、平台实行"队长制""台长制",可由校领导、部门领导、院部领导担任。同时要筛选一批有基础、有潜力的团队、平台,要予以重点打造,努力向市级、省级、国家级发展,在推动团队、平台发展上必须要有大动作,取得实质性成效。

第四,突破成果要多。由于多方面原因,目前学校高层次、高质量的标志性成果不多,国家层面上的缺项不少。比如国家级方面的教育成果奖、教师教学能力大赛、教师教学创新团队、精品课程等还未突破;科研上缺乏国家级的团队、平台,缺少重大项目,科技服务数量不多、层次不高、影响力不大,工科崛起没有明显出现;学工、思政领域的名师、大师缺乏;等等。这些方面要下大力气加以突破,要为"苏州市职业大学荣誉而战"。

三、善用新资源,在增强产教融合高质量发展上下功夫

新发展阶段构筑新发展格局,"双循环"资源共享的路径选择,对推动产教融合高质量发展、校地合作向广度深度拓展,具有重要指导意义。产教融合、校地资源循环共享,至少可在四个方面加以努力:一是师资队伍建设,校地"双主体"构建,共建共享;二是校内校外有形设施设备,相互开放共享;三是无形资产(平台、团队、资质),可以相互共用、互惠双赢;四是教学内容的资源融入,按照社会对人才培养的需求,大量引入经济社会发展的最新成果、鲜活案例,改进教学供给侧的内容。

要通过产教融合、校地资源循环共享,大力推进专业发展:

第一,精准推动专业建设与产业发展。瞄准苏州先进制造业、

现代服务业，特别要围绕苏州市重点打造的"苏州制造""江南文化"两大品牌，通过对产业的认真研究，及时调整优化专业的设置，重点加强新工科、新文科的设置，对传统专业要进行嫁接、改造、整合、融合、提升。要有壮士断腕的决心，不能将因人设专业的现象长期拖下去。

第二，积极推动专业群建设。对学校规划的4个专业集群，由校领导担任"群长"；13个专业群，由学院院长或管理部门负责人担任"群长"。通过专业群建设，对接产业链、创新链发展。关于专业群长制，最近学校要出台方案，请教务处起草文件。要以学校的整体力量，建设好专业群。同时要精心研究、科学出台新高考制度下的学校招生方案。

第三，大力推动专业课程融合适应发展。在对专业设置进行调整优化的同时，对专业的课程设置也要进行改革调整，以高度适应社会对人才知识、技能的需求。要选用时间新、质量好的教材，大力推行专业之间授课内容的融合交叉发展，督促老师讲授的内容是当今最新的发展状况。督学工作要改革创新，真正起到督促改进的作用。

第四，努力推动校地校企合作向高层次拓展。每个专业必须有一定规模、层次的合作企业，不允许没有合作企业的专业存在。合作的范围要扩展，合作企业的档次要提升，合作的深度要推进，要鼓励与更多的大院大所、大企业、高科技企业合作。要改进对产教融合、校地校企合作的绩效考核，单列出来，并加重考核分量。包括社会服务（社会培训、横向课题、横向技术服务等）方面，要根据每个学院（部）的不同情况，要有硬性指标要求，任务要落实到个人，达不到的要有相应的处置措施。

四、营建新风貌，在提升服务管理高质量效能上下功夫

第一，大力实施精细化服务。如何根据基层、教师、学生的需

求,提供更加精细、精准的服务,需要加强三个层面的服务型组织建设。一是校级领导班子层面,要加强顶层设计、整体布局,强化工作协调,高效能、高质量处理事务,解决问题。二是管理部门层面,要与学院(部)无缝对接,服务与管理相统一,寓管理于服务之中,责任共担,利益共享。三是学院(部)层面,要履行好二级单位、二级管理的职责,把教师组织好、服务好、管理好,改变重业绩点、轻管理服务的现象,改变将矛盾问题上交、推卸责任的行为,改变对上争取、承担项目积极性不高、想不做就不做的情况。要界定好二级学院的责任清单,失责要承担责任。全校上下要继续推进"放管服"改革,要将服务、管理下沉,着力提高工作效能,解决好一线的需求。

第二,大力推进信息化赋能。治理体系的完善、治理能力的提升,必须依靠信息化管理来解决。要将教育教学、科研工作、行政管理、社会服务等方面,全部纳入信息化管理系统,运用现代技术加以武装。管理上,以信息化技术改造工作流程,公开公正开展工作。服务上,以线上服务为主,线下办理为辅,高效快捷运行。业绩认定上,对每个部门、每个学院(部)、每个专业、每个团队平台,直至每位老师,各自建立一个业务信息系统,实行"一张业绩表"管理,以事实数据进行考核。学校要引入智能化改造、数字化转型的要求,将工业互联网应用在校内,建立学校内部互联网,教室、实训实验室和设施设备的使用情况能够实时反映出来,在智慧校园建设、数字化赋能上不断迈出新步伐。

第三,大力增强法治化管理。要严肃对待、认真解决学校管理上存在的"宽松软""懒散慢""堵推拖"现象,严格按照党纪国法、上级要求、学校制度进行治理。制度体系要进一步完善,落实执行要进一步严格,学院(部)要将要求传递到每个教师。要坚持"厚爱与严管"相结合原则,在关心、关爱、关怀的同时,不允许放任、迁就甚至迎合的情况发生。对违规违纪行为,必须严肃处理;

对因主观失责造成明显后果的，必须追究责任，有的还要给予扣除绩效处理。通过严格的履职管理，严肃的监督执纪，营造良好的校园生态风貌，为开启学校高质量发展的新征程努力奋斗！

（本文系作者2021年1月25日在学校年度工作务虚会暨"十四五"规划研讨会上的发言稿整理而成）

数字经济背景下高职院校专业建设"四化四机制"创新发展的思考

——以苏州市职业大学为例

2019年9月,走访机电工程学院"远志电梯工匠涵养班"

2021年6月,学校成立苏州市工业互联网产业学院

数字技术日新月异，数字经济生机勃发，第四次工业革命初露端倪。党的十九大报告提出，要建设网络强国、数字中国、智慧社会，推动互联网、大数据、人工智能与实体经济深度融合。在党中央的正确决策和全国人民的共同努力下，近几年中国的互联网、大数据、云计算、人工智能、物联网、5G技术、区块链等数字产业经济蓬勃发展，在世界经济舞台大显身手。在这样的大变革、大发展的背景下，承担培养高素质技术技能人才的高职院校，必须采取与形势发展、任务要求相适配的人才培养对策，特别要从培养人才的专业建设入手，进行多方面的融合改革创新。职业教育专业升级和数字化改造，对中国职业教育改革创新具有重要的里程碑意义。[1]

一、苏州数字经济发展现状

2016年，G20杭州峰会发布的《二十国集团数字经济发展与合作倡议》将数字经济定义为：数字经济是指以使用数字化的知识和信息作为关键生产要素，以现代信息网络作为重要载体，以信息通信技术的有效使用作为效率提升和经济结构优化的重要推动力的一系列经济活动。[2]中国信息通信研究院在《中国数字经济发展白皮书（2020年）》中提出："数字经济是以数字化的知识和信息作为关键生产要素，以数字技术为核心驱动力，以现代信息网络为重要载体，通过数字技术与实体经济深度融合，不断提高数字化、网络化、智能化水平，加速重构经济发展与治理模式的新型经济形态。"[3]由此可见，数字经济是一种以数据资源为重要生产要素、以全要素数字化转型为重要推动力的全新经济形态。数字经济在构建以国内大循环为主体、国内国际双循环相互促进的新格局中，将发挥重要推进作用。

数字经济包括数字产业化和产业数字化两部分，前者主要指数字信息通信技术构建新的产业生态，带动诸如人工智能、互联网行业的发展，加快培育经济增长新动能；后者主要指通过数字技术与实体经济交叉融合、深度融合，改变传统经济的生产方式和商业模式，促进传统产业转型升级，提升传统产业的竞争力。2020年我国数字经济规模达到39.2万亿元，占GDP比重达38.6%。2020年江苏省数字经济规模超过4.4万亿元，占GDP比重超43%，位居全国第二。2021年1月，苏州市召开数字经济和数字化发展推进大会，发布了《苏州市推进数字经济和数字化发展三年行动计划（2021—2023年）》，提出到2023年全市数字经济核心产业增加值达到6 000亿元，年均增长率超过16%。该计划提出，打响"工业互联网看苏州"品牌，争当全国制造业转型升级的城市标杆；主攻数字产业化、产业数字化、数字化治理和数据要素化，争当全国数字经济跨越式发展的城市标杆；加快建设更具影响力的数字科创中心、数字智造中心和数字文旅中心，率先建成全国"数字化引领转型升级"标杆城市。[4]

二、数字经济背景下高职院校专业建设存在的问题

大数据、云计算、物联网、人工智能、区块链等技术的快速发展并与实体经济深度融合，不断孕育出新产品、新服务、新业态、新商业模式，同时数字技术赋能传统产业，能加快产业转型升级，推动智能制造、智慧农业、数字贸易、数字金融、数字文旅等创新发展。数字产业化和产业数字化的发展，给高职院校数字信息技术类专业及传统专业均带来挑战，挑战有如下几个方面。

（一）专业建设滞后于产业发展

在信息化和数字化进程中，技术更新和产业升级周期大幅度缩短，新兴技术更新迭代速度加快。而高职院校课程内容滞后于企业技术的发展，课程设置无法与行业发展同步；实验实训环节开设不足，教学实训设备跟不上企业生产设备更新；校企合作、顶岗实习难以扎实推进，借助企业资源开展实践实习环节，无法达到预期效果；部分专业培养目标模糊，无法体现时代变化，不能满足区域

经济发展要求。

（二）人才培养目标不能契合企业数字化转型的岗位需求

根据人力资源和社会保障部等部门公布的信息，多数社会新增职位与数字经济密切相关，标志着未来数字经济相关产业将诞生更多就业机会和工作岗位，数字能力也将成为劳动力的必备技能之一。[5]面对需要更多具有数字处理能力、知识迁移能力、解决问题能力的人才需求，现有高职院校培养人才的专业还未做好准备。传统专业培养目标比较单一，专业技能和数字技术未能有效结合，暂时不能应对产业的数字化转型升级要求。培养的学生数字处理能力不足，尚不能满足企业数字化转型的岗位需求。

（三）专业间缺乏跨界融合与渗透

数字技术的发展降低了信息的不对称，有效地增加了"管理半径"，使企业有可能减少管理层级，组织结构趋向扁平化，对基层员工的综合素质提出了更高的要求。高职院校虽已开展专业群建设，但专业间缺乏跨界融合、渗透。专业群的构建仍存在从学校、教师内部视角进行"组群"，或沿用普通高校学科化的"组群"思路，因而使学校专业"组群"脱离产业发展的需求，培养的人才不能适应"工作过程去分工化、人才结构去分层化、技能操作高端化、工作方式研究化及服务于生产一体化"[6]的职业要求。

（四）专业建设缺乏监督考核和保障机制

职业教育作为与区域经济社会发展联系最为密切的教育类型，高职教育的生命力体现在与区域经济、社会需求的对接上。[7]如何根据学校发展目标和区域经济发展需求做好专业规划，合理增设新专业、淘汰旧专业成为高职院校的挑战。数字经济背景下，依托大数据技术，设计科学合理的评价体系，精确考核各专业教学情况，为专业优化调整提供数据支撑，形成"人无我有，人有我优，人优我特"的专业建设格局，已成为高职院校亟须解决的问题。

三、数字经济背景下高职院校专业建设创新发展的思考

为应对数字经济时代的重大机遇与挑战,苏州市职业大学提出"四化四机制"创新发展思路,以专业建设为抓手,以数字化改造为重点,拓宽学生知识技能边界,提高可持续发展能力,培养适应数字经济时代需要的复合型技术技能人才。

（一）专业调整协同化,建立数字产业发展对接机制

在加快数字经济发展的大背景下,高职院校的专业建设及专业群布局,必须因时而谋、因事而动、因势而新,紧密对接地方数字经济产业发展需求,实行专业调整与产业发展协同化。为此,近几年,对接苏州数字经济产业的发展领域,苏州市职业大学新增的16个新专业中,有10个涉及数字经济方面的"新工科"专业,包括物联网、大数据、人工智能、工业机器人、工业互联网技术等,并培养和引进了一批相适应的师资队伍,投入数千万元建设了一批配套的实验实训室。未来,学校将瞄准苏州建设的十大千亿级产业集群、打造的十大优势产业链,深化对接苏州建设更具影响力的数字科创中心、数字智造中心和数字文旅中心,积极推进数字经济相关新专业的设置,并对现有专业进行整合归并、升级改造、融合转型,进一步完善先进制造业、人工智能与数字媒体等专业集群建设;同时,学校将筹建智能制造等一批新的二级学院,将人才培养与产业链、创新链拓展更好地对接起来,形成与数字经济产业协同发展的专业升级创新的整体格局。

（二）专业改造数字化,建立专业持续创新机制

专业数字化升级改造,要把握好四个方面:一是全面覆盖、分步推进。学校制定专业数字化升级改造的总体方案,明确所有专业都要进行数字化升级改造,同时要有计划分步骤推进。首先从教育部发布的《职业教育专业目录（2021年）》已明确涉及商学院的大数据与会计、大数据与财务管理、大数据与审计3个专业,以及近

几年建设的一批"新工科"专业入手，积累经验，逐步展开。二是重构标准、更新课程。构建课程体系数字化，按照数字化要求制定各专业课程内容和标准，启用或自编适合数字化教学的教材。建设数字化教学平台，发挥教育部立项的"国家职业教育智能控制技术专业教学资源库"的作用，进一步拓展一批支撑数字化教学的资源库。三是创新方式、改进评价。构建课程教学数字化，以数字化更新和改造教学课堂，依托数字化教学平台，创新数字化教学方法；建立适合"网络原住民"的线上即时评价系统，实行教师与学生双向自主评价，调动学生自主学习的主动性、积极性。四是科学管理、提高效能。构建教学管理数字化，打破学校部门、院系之间的"信息孤岛"现象，实行大数据互通互联、整合利用。大数据互通互联的实施，需要建立在各专业建设"一张表"数字化管理系统的基础上，实行智慧管理。

(三) 专业转型融合化，建立资源优化配置机制

专业数字化升级中，需对专业课程进行重组，教学内容实行融合化转型，打破原来的"分割定势"，以市场化需求为导向，实行大范围、大幅度跨界融合，优化配置校内外资源，着力培养复合型、创新型、适应型人才。具体措施上，实行以下三个融合。

1. 专业相互融合

文科专业之间、文科与工科专业、工科专业之间，都要以数字技术为纽带，推进交叉融合，拓展知识宽度，挖掘知识深度。特别对传统专业，更迫切需要进行融合化升级创新，使其焕发青春，适应时代发展。融合化转型的有效途径和有力抓手是规划和建设好专业群和专业集群，组建一批跨界融合的高水平教学团队、科研平台，使融合化工作能落地、见成效。

2. 线上线下融合

除了线下课堂教学相互融合之外，数字化教学为线上线下融合发展创造了良好的条件。学校正加快推进所有课程线上线下的融合

教学，打造一批线上精品课程，提高线上教学质量，并及时进行"线上督学"。在疫情防控常态化情况下，学校更要提升教师线上教学能力，使线上教学成为常态。

3. 产教深度融合

要充分发挥职业教育产教融合、校企（校地）合作的特性和优势，在推行校内资源循环、融合、共享的同时，积极实施"借船出海、借梯上楼"，充分利用地方资源，融入学校建设发展。一是共育师资队伍。专业建设的升级创新，关键是教师能力的转型发展。校内教师要积极步入社会进行实践锻炼，了解掌握数字经济发展态势，拓宽视野，增长才干，使自身符合"双师型"的数字化教师要求。同时，学校通过聘任产业教授等途径，引入地方专家学者进校教学，构建"双主体"校地融合教师团队。二是共建社会实践基地。学校要利用自身和企业的各自优势，搭建一批学生社会实习基地、教师技术服务基地，为"成就学生、成就教师"创造条件。三是共享校内实训资源。学校的实验实训室，既为学生服务，又面向企业开放，为企业员工技能提升提供服务。

（四）工作把控精准化，建立监督考核保障机制

在数字经济迅猛发展新形势下，专业建设的升级创新是一项探索性工作，会遇到阻力、碰到困难，需要建立监督考核和支撑保障的机制，这样才能使专业得到精准发展，取得实实在在的成效。一是精准确定考核导向。从数字经济发展对人才培养的高质量需求出发，精心设置考核指标和成果导向，运用大数据技术、智能化手段，形成可以自动生成的、科学合理的绩效考核方案。从专业发展的全生命周期出发，制定"红、黄、蓝"专业的不同要求，对应淘汰调整、提升优化、重点发展等三种情况。二是精准提升数字化教学条件。未来，学校的投入将重点放在数字化校园的建设上，建设5G技术网络，通过"以上（学校）为主、上下（学院部）结合"，规划建设一批综合性、数字化教学实训室。当前，学校将重点建设校企

合作、面向全校专业的虚拟仿真实训基地、工业互联网实训平台。三是精准提供组织保障。学校党委、行政层面要加强对数字经济方面专业建设的组织领导，统一思想认识，上下形成合力。在加快建设数字化教师队伍的同时，学校的领导者、管理者要率先树立数字化教学的理念，提高数字化教学、管理和服务的能力，将数字化建设作为学校高质量发展的重要工作来抓，促使学校发展步入数字化时代。

参考文献：

[1] 鲁昕. 新经济　新技术　新职业　新专业[J]. 厦门城市职业学院学报，2020，22（04）：2.

[2] 二十国集团领导人. 杭州峰会公报[N]. 经济日报，2016-09-06（09）.

[3] 中国信息通信研究院. 中国数字经济发展白皮书（2020年）[EB/OL].（2020-07-02）[2021-08-10]. http://www.caict.ac.cn/kxyj/qwfb/bps/202007/t20200702_285535.htm.

[4] 中共苏州市委，苏州市人民政府. 关于印发《苏州市推进数字经济和数字化发展三年行动计划（2021—2023年）》的通知（苏委发〔2021〕号）[EB/OL].（2021-01-01）[2021-08-10]. http://fg.suzhou.gov.cn/szfgw/zcwj/202101/d2e82925872949eaaf288-0ba5d272002.shtml.

[5] 薛新龙. 数字经济时代我国职业教育的发展与转型[J]. 信息通信技术与政策，2019（09）：42-44.

[6] 徐国庆. 智能化时代职业教育人才培养模式的根本转型[J]. 教育研究，2016，37（03）：72-78.

[7] 王建华，张建平. 高职院校专业动态调整机制建设研究[J]. 中国高教研究，2014（12）：75-78.

（本文刊载于《苏州市职业大学学报》2021年第4期，有改动）

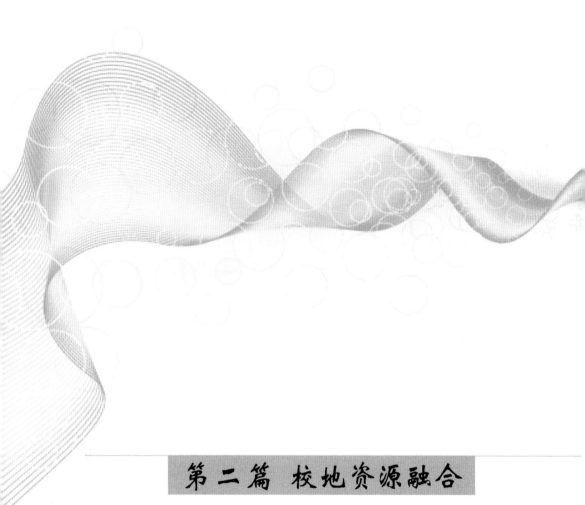

第二篇 校地资源融合

在校地全面合作、产教深度融合中焕发学校发展新活力

2017年4月,学校举行与吴中区人民政府全面合作框架协议签约仪式

2019年7月,学校参加中国职业大学联盟产教融合校企对话会

进入新时代，以习近平同志为核心的党中央把加快发展现代职业教育摆在更加突出的位置。2019年1月，国务院印发《国家职业教育改革实施方案》（简称"职教20条"），开宗明义指出"职业教育与普通教育是两种不同教育类型，具有同等重要地位"，解决了职业教育的一个重大理论和实践问题，推动职业教育发展进入了一个新时代。近年来，苏州市职业大学在校地全面合作、产教深度融合方面积极探索前行，特别是以"职教20条"为新动力，努力使学校事业发展焕发出新的青春活力。

一、实施四个"协同融合"，在"三高"人才培养上焕发新活力

高职院校的人才培养要创造出一套有别于普通高校的特色机制。我校确定"坚持质量为先、坚定精准发展"的工作思路，在产教深度融合、服务地方发展中，努力造就一大批"高品德、高技能、高适应性"的人才队伍。高品德，就是具有较高的个人品德、职业道德和社会公德；高技能，就是具有高超的专业技术、熟练的动手能力和较好的创新能力；高适应性，就是能较快地适应社会环境、工作环境和工作岗位。为此，我校实施"四个协同、四个深度融合"，即校企协同、产教深度融合，更好服务苏州经济社会发展；内外协同、校地深度融合，学校与地方资源互相贯通、共享双赢；院系协同、文理深度融合，推动创新型、复合型、应用型的人才培养；工学协同、德能深度融合，造就全面发展的人才队伍。

多方协同融合，推动了人才培养质量的明显提升，学生在全国大赛中的获奖数量和层次呈逐步提升态势，许多专业的学生供不应求，不少单位对我校毕业生的需求程度超过本科生。仅在苏州工业园区，就有22位同学被授予"姑苏高技能重点人才"荣誉称号，享受地方特殊津贴待遇。

二、加快四个"转型提升",在内涵质量建设上焕发新活力

在产教深度融合的大背景下,我校开启了内涵式高质量发展新时代的新征程,在工作取向、发展活力上实行"四个转型提升"。

(一)推动思想观念转型提升到新时代发展要求上来

"职教20条"对我国新时代深化职业教育改革、提升职业教育地位作用,提出了更高的发展要求。作为地方高职院校,我校紧扣上级宏观要求,结合苏州自身实际,大力开展"思想再解放、改革再深化、发展再创业"的宣传教育活动,主动把自己融入从苏州到江苏,再到全国的"大棋盘"中,从苏州人民创造的"张家港精神、昆山之路、园区经验"三大法宝中汲取营养、获取力量,融汇成苏职大的精神财富,在产教深度融合中,努力使学校的发展与苏州在全省、全国的地位相适应、与苏州的产业发展水平相适应、与高等职业教育事业的发展态势相适应。

(二)推动工作重心转型提升到增强实力上来

产教深度融合,促使我校必须把工作重点、发展要求转到更加突出"内涵式高质量"发展、增强竞争实力上来。通过深化完善绩效考核,从2018年开始,列出100项内涵质量指标,对20个管理部门、12个学院(部)进行千分制量化考核,对各类教学、科研团队和平台、项目实施绩效评价考核,其中产教融合的指标占58%。在加强自身纵向对标的同时,突出横向对标,向全省、全国的优质高职院校学习,积极对标找差距,明确奋进目标。

(三)推动优势构筑转型提升到品质特色建设上来

学校坚持有所为有所不为的原则,以特色优势培育核心竞争力、打造品牌影响力。2019年是我校的"专业竞争力提升重点建设年",学校积极推进专业群对接产业链建设,加强专业的融合、整合、嫁接。近三年来新设专业8个,其中2019年新设"工业网络技术"

"大数据技术与应用""工业机器人技术"等4个专业，努力以增量专业带动存量专业的调整，建设一批真正富有特色优势、具有竞争力的专业（群）。着力打造产教融合的科研平台，建有市级以上科研平台24个，初步呈现与苏州优势产业相对应的一批新兴实用技术研发平台、与苏州古城历史相融合的吴文化传承创新团队。

（四）推动学校管理转型提升到优质高效服务上来

我校积极树立"教师是学校发展第一资源"的理念，寓管理于服务之中，努力在精心、精细、精准服务师生上下功夫。学校党委要求各级领导干部和管理人员，甘于做师生的"服务员""勤务员"，学校及各部门、各学院（部）都要善于建设"服务型组织"。通过深化"放管服"改革，为师生提供优质高效的服务，为高质量发展提供支撑保障。

三、推行校地"三全"合作，在资源开放共享上焕发新活力

在校企合作的基础上，根据形势的新发展、工作的新要求，我校将校企合作提升为"校地合作"，推动形成"全方位、全领域、全过程"的校地合作格局，制定出台了《校地深度融合发展三年行动计划（2018—2020年）》，努力使学校与地方资源开放共享，互用双赢。

（一）全方位拓展校地合作范围

树立地方可用资源最大化为学校共享共用的理念，面向地方政府和部门、科研机构、社会组织、行业企业等各类对象全方位拓展合作。一是加强与地方政府和部门全面合作。与吴中区、相城区签订了校地全面合作框架协议，与苏州市委宣传部、市发改委、教育局、住建局、民政局、市场监管局、文旅局等10多个部门建立紧密合作关系，苏州"社科之家"、苏州市发展规划研究院、2个新增市级协会落户我校。推动各学院立足自身专业结构和优势特色，以项

目为载体,积极对接"板块区域",开展"一院一镇"合作。已与一批乡镇(街道)签订了专项合作协议,在技术研发与服务、文化挖掘、高技能人才培养、职工继续教育等方面取得了初步成效。二是实施产学研用互促相长。由我校牵头联合相关本科、高职高专院校以及相关行业、企业,申报的智能控制技术专业教学资源库,2019年已获教育部正式立项。我校作为第一完成单位,与本科院校、企业合作研发的项目成果获得2018年度江苏省科学技术二等奖,实现了历史性突破。开展政校企三方联合共建活动,成功申报了江苏省高校哲学社会科学研究重大项目。三是加快建设企业(行业)学院(大学)。苏州是中国四大光电缆产业基地之一,我校依托行业(商会)建设专业,与苏州市光电缆业商会共建"苏州市光电缆行业大学"。苏州也是我国最集中的电梯生产制造基地之一,我校与苏州市电梯业商会合作共建"电梯学院",开设电梯工程技术专业,共建智能制造电梯实验室。与科大讯飞公司合作共建"智能应用技术学院",与施耐德电气(中国)有限公司合作共建"施耐德工业学院"。目前学校已设立18个企业(行业)学院(大学),实现了市级以上品牌专业(群)企业学院全覆盖。四是组织校内资源对外共享服务。在引用地方资源的同时,学校也积极将校内资源面向社会开放服务。目前我校继续教育学院的社会培训、社区教育取得可喜进展,近两年已培训超5.7万人次,并与贵州省铜仁市、陕西省延安市结对形成对口帮扶。学校的大学生应急救护培训基地已成为省红十字会的培训基地、苏州市实事项目,每年开展各类应急救护知识普及培训5000余人次。校地共建区域化"双创"公共服务平台"太湖众创"获得科技部和多项省级载体认定,已吸引13所在苏院校学生入驻孵化。

(二)全领域对接校地合作途径

在落实高校五大基本职能过程中,有效对接地方经济社会发展的各种资源和可借鉴成功经验,结合学校实际,努力建设"五个基地"，即先进产业人才培养基地、新兴应用技术研发基地、吴文化传承创新基地、服务地方建言献策基地、国际化人才合作交流基地。一是探索多元人才培养模式。苏州是全国领先的工业城市，装备制造业和光电产业基础雄厚。我校牵头成立了苏州市现代装备制造职教集团和苏州市现代光电职教集团。2018年装备制造职教集团获评苏州市首批优秀职教集团第一名。与地方龙头企业苏州华成、科沃斯、莱克电气、同程旅行等单位举办现代学徒制、工学交替、订单式等育人模式。校企合作建立"博众·凡赛斯自动化学院"，建成了全国第一条自动化控制教学生产线。三年来，我校与企业双主体协同培养学生3000余人，专业覆盖率达73%。二是共建校地科研服务平台。与地方政府建立产学研战略合作联盟，整合工科学院科研优势，打造了以"3C产品智能制造"为代表的一批科研平台，该平台获批江苏省高职院校工程技术研究开发中心。与中国纺织商业协会合作成立"中国丝绸产品技术创新与应用公共服务平台"，对一批丝绸领域的实用技术进行研究。2019年以来，新增包括3个协同创新中心在内的5个校地合作科研平台。三是打造吴文化特色研究基地。在发挥学校原有吴文化研究优势基础上，整合学校丝绸技术、明式家具研究等方面的力量和社会资源，组建"吴文化传承与创新研究中心"，获批江苏省高校哲学社会科学重点建设研究基地，并承担了"大运河文化带建设"研究项目。四是培育建言献策"智囊团"。2018年上半年成立了正式注册登记的"苏州石湖智库"，2019年与苏州市委宣传部、市社科联合作，打造以"智汇苏州"为品牌的4期学术沙龙，目前已成功举办了2期。2019年已有7篇咨询报告被市有关部门采用，其中2篇获得苏州市委、市政府主要领导批示。五是推进"一带一路"沿线国家的教育合作。我校与巴基斯坦吉尔吉特-巴尔蒂斯坦地区教育厅合作成立中巴经济走廊文化交流中心，得到外交部、国务院新闻办的关心、支持。我校作为发起人之一，与教育部中外人文交流中心、南非高等教育与培训部工业和制造业培训署，共建"中国—南非职业教育合作联盟"（2019年11月，更名为"中非（南）职业教育合作联盟"）。与亨通集团有限公司合作，在该公司建设国际学生智能制造生产线。目前学校建有6个国际学生实习基地，服务150多名"一带一路"沿线国家留学生。

（三）全过程渗入校地合作要素

学校的教学、科研、管理等各个环节、全部过程都应将校地合作的要素资源，包括合作成果、成功经验、典型案例等引入、渗透、借鉴其中。在加强"双师型"队伍建设方面，我校出台《"双师型"师资队伍建设专项行动计划（2018—2020）》，目前建有30个"双师型"教师培养培训基地，设有2个国家级技能大师工作室，选聘6位江苏省产业教授、16位校产业教授。推进"高校青年博士进企业行动计划"，有400多名教师到一批知名企业进行研修深造和实践锻炼。同时利用校地合作资源，推动思政课程、课程思政的改革探索。在科学研究方面，强调重点平台、团队建设，必须引入校外资源参与其中，有效对接社会需求。目前已柔性引进专家9人、聘任特约研究员35人、兼职教授4人、客座教授3人。开展党建工作共建互动，构建"开放性、共享性、融合性"的校地合作党建工作新模式，走"党建+"特色之路。与苏州市光电缆业商会共建全国首个基于产教融合的党建合作交流平台"苏州市光电缆产教融合党建联盟"，目前双方有15家联盟单位、77个党支部、1800多名党员参与其中。探索政校企三方共同推进"双创"平台"两新"组织党建工作，目前我校已与相关企业、乡镇（街道）共20多家单位建立了党建合作关系。

习近平总书记在全国教育大会上强调，要不断使教育同党和国家事业发展要求相适应、同人民群众期待相契合、同我国综合国力和国际地位相匹配。[1]当前，职业教育改革进入深水区、攻坚期，产教融合也需要进一步转变理念、深化内涵，以更好地解决职业教育领域"人民日益增长的美好生活需要和不平衡不充分的发展之间的

矛盾"。我们将和各位兄弟院校一起努力,共同推进产教融合,一起迎接中国职业教育光明灿烂春天的到来,一起焕发出老职大的蓬勃青春活力。

参考文献:

[1]《习近平总书记教育重要论述讲义》编写组.习近平总书记教育重要论述讲义[M].北京:高等教育出版社,2020:80-81.

(本文系作者2019年7月17日在南通职业大学举行的第五届全国职业大学办学经验交流会上的发言稿整理而成)

大力推动资源整合共享与专业调整优化

2016年6月,学校与苏州市光电缆业商会共建苏州市光电缆行业大学签约揭牌暨"郑和计划"启动仪式

2017年7月,学校举行"资源整合共享、专业调整优化"发展研讨会

　　"资源整合共享、专业调整优化",这是 2017 年苏州市职业大学开展"创新创业重点建设年工程"的重要内容之一。这个议题,看似两个方面,其实它们之间是相互关联、相互作用的。学校的设施设备资源、财务资源、人力资源和社会资源,与专业的调整优化,甚至与今后学院设置的调整优化,是紧密相联的。资源的整合共享,可以推动、支撑专业的调整优化;而专业的调整优化,必然要求资源的整合共享利用,充分发挥资源的最大效用,提升专业设置的科学性、合理性,增强专业发展的竞争力。

　　从资源利用上看,学校设施设备存量大、增量多,基础较好,条件不差,每年有相当量的投入,加上我校专科层面办学时间长,师资力量雄厚,这是很好的基础条件。但是在统筹规划、整体利用、整合共享方面有所欠缺。比如:上项目,存在不同程度各自为政的现象,学院内部系与系之间存在整合利用不到位的情况,学院之间共享共用、资源整合不尽如人意。有些新上的项目,事前的可行性论证、评估的力度,有待提高;事中的推进速度有所滞后,验收把关有待加强;建成后的使用效率不够高,管理工作没有很好跟上。智慧校园、信息化建设,顶层设计、整体规划需要加强,"信息孤岛"现象比较严重。学校整体上用房紧张,但空置的或利用率不高的情况仍存在。校内资源的社会化利用程度还不高,对社会开放服务方面,还未很好开展起来,也缺乏经验;怎么利用社会资源为学校发展服务方面,也处在探索阶段,成效显现尚不明显;等等。

　　在专业优化设置方面,有很多问题仍长期困扰着我们,制约着学校的招生工作、人才培养、竞争力提升。2016 年招生专业 48 个,2017 年招生专业 47 个(另有 3 个中外合作专业)。据分析,这些专业中,总体上看,老专业多,文科专业多,学院之间的交叉、重复专业还有一批,"新工科"不多,真正有竞争力,适应社会新需求、产业新发展的专业仍偏少。由于受生源减少的影响,一些专业招生存在困难,班级的学生数偏少,影响着教师的工作量,制约着"成就教师"的实施。如此长久下去,学校的长远发展,会受到很大的影响。

面对这些问题,这样的困境,怎么办?我想,没有别的办法,只有从学校自身做起,只有采取针对性举措,只有进行改革创新,只有从制度设计上、机制建设上下功夫,才有出路。因此,推进资源整合共享、专业调整优化,显得既十分紧迫又十分必要。

思想是行动的指南。我们大家思想上要进一步解放,认识上要进一步统一。对过去学校取得的成绩,要加以充分肯定;对过去工作中行之有效的经验、做法,要加以发扬传承;对工作中存在的不足和困难,要加以克服解决。以历史唯物主义的观点看,工作和发展是有阶段性的,过去这一阶段的工作这么做是正确的,这要肯定;面对新的发展形势,进入新的发展阶段,必须要有新的发展思路、工作举措,这也是很自然的。这是历史规律,一茬接着一茬走,一任接着一任干。我们既要有危机意识,又要树立信心,在开拓创新中取得新一轮的发展。

从工作举措看,要在以下四个方面下功夫。

一、大力度推进校内外资源的双向开放、双向共享

学校内部的人力资源、设施设备资源、业务用房资源,资源量很丰富;校外的社会资源,更是丰富且取之不尽的。如何双向开放、整合利用,是一个老题目,也是一个新课题,现在是到了必须加以重视,并需要充分利用的时候了。我们国家的改革开放,走出了一条利用国内、国际两种资源、两个市场的新路,取得了辉煌的成绩。我们学校也需要在这方面加以积极的探索,要内聚合力、外借活力求发展。

一要整体规划。建议成立学校发展规划委员会,作为一个议事机构,我来当主任,校长当副主任,设立若干个小组,有关副校长任组长,牵头的部门负责人任副组长,相关部门参与,日常工作放

在发评办,对发展规划工作进行研究,扎起口来,立足长远,整体筹划,提出方案,提交校长办公会、党委会研究决策。比如在设施设备、师资力量、资金投向、专业调整、业务用房等方面,分设几个小组。对已建的项目,新上的项目(包括业务用房),人力资源,系与系之间,学院与学院之间,都要进行统筹规划、共享共用,从学校层面进行统一的调度、使用。

二要配套延伸。根据事业发展和整体规划,项目建设上要进行补缺、补短、补软,进行系统配套、延伸完善,每年都要有计划,在调研基础上组织专家评估,通过若干年的努力,形成相对较完整的系统。就像产业链一样,有前道、中道、后道,相互配套。

三要双向互用。除了校内资源整合共享外,还要大力引进、利用社会资源,并且互惠互用。要研究学校资源对社会开放利用的管理制度,包括实训实验室、吴文化园、科技档案馆,这些资源都可以为社会、校企合作方、周边中小企业、中小学校开放利用。大家要思想再解放、思路再拓宽,一旦形成校内外资源双向开放、双向共享的格局后,就会与社会构建成综合的利益共同体,就会产生多方面的综合效益。

四要注重绩效。目前学校固定资产、人力资源的沉淀情况还是比较明显的,利用的绩效还不高。通过资源的整合利用、双向开放,提升绩效的空间还很大。我校规划筹建的"石湖智库",组建一批创新团队、创新平台,就是要从全校资源的整合共享、双向开放出发,进行跨专业、跨学院(部)、跨校内外资源的统筹整合,发挥好整合的优势作用,从而提高资源的利用效率。

二、大规模参与和服务地方经济社会发展

上级党委、政府和教育主管部门的新要求,经济社会"创新发展、转型升级"的新形势,以及高职院校事业推进的新需求,都必然要求我校必须大规模地参与和服务地方经济社会的发展,为此做出更大的贡献。这是一个非常重要而紧迫的任务。它摆在我们面前，考验着我们，也是建设一所有特色、有亮点、有作为的品质院校的一条必由之路。

一是人才培养要更好地精准对接经济社会发展需求。把培养的目标聚焦在产品质量创新、产业转型升级、社会建设管理、新兴公共服务等领域的人才需求上，使培养的人才具有高品德、高技能、高适应性，切实提高产教融合的程度。

二是校企合作要更好地精准提升层次和实效。校企合作，是参与和服务地方经济社会发展的很好途径、渠道，要持之以恒走下去，并且要进一步拓展领域，从校企到校政（政府部门）、校地（地方政府）延伸；进一步提高层次，推进多种形式的、规模大的、紧密型的合作共赢；进一步追求实效，不能做空架子，不能贪图虚名，不能为合作而合作，而且不能发生损害学校利益、进行不正当利益输送的情况。

三是科研成果转化要更好地精准提高服务地方发展的贡献度。目前学校存在着科技成果转化率低的问题，有的甚至"闭门造车"、自娱自乐。从高职院校来说，科技成果服务地方经济社会发展，提高科技成果的转化率，首先要明确自身的定位。我们要立足实用型、应用性的研究，侧重于为中小微企业服务。学校的创新团队、创新平台建设，科研项目的确立，都要面向经济发展、社会建设主战场，面向社会需求，与企业、社会、政府进行合作，引入他们的力量进行研究，切实提高科研工作的针对性、有效性。为此，学校要重新制定科技激励政策，一方面鼓励争取纵向项目，另一方面要更多地争取和参与到地方项目中来。工科是这样，文科也是这样。苏州这块宝地上，科研资源丰富多彩，取之不尽。

三、大手笔调整优化专业设置结构

当前，经济快速转型升级、社会迅猛发展变化，传统产业在不断调整更新，新业态、新模式、新组织不断涌现，对人才结构的需求、素质和技能的要求在不断增长和提高之中。随之相应的我校的专业设置、专业结构、专业群建设、品牌专业的培育，必须跟上形势的发展。要以壮士断腕的决心、刮骨疗毒的勇气，对学校的专业进行调整优化，该放弃的放弃，该缩减的缩减，该扩大的扩大，该新增的新增，不能再以人设专业，不能以不变应万变。请各学院从大局出发，统一思想，提高认识。大家一起研究、思考，怎么把专业设置这盘棋下"活"、取胜。从学校层面上，要做好以下工作。

一要加强调查研究。要调研好当前经济社会发展需求和今后的发展态势，学习兄弟院校的做法，研究"新工科"专业，并进一步摸清我校可用资源与专业的匹配情况，使得专业调整优化有的放矢，不走弯路。

二要整体规划专业。从学校的整体性出发，并结合升本的要求，进行通盘研究，对学校专业的重构、调整、优化，要拿出一个可行的方案，而不能只在学院单个层面的范围内作调整。目前学校文科与工科的专业比例、学生结构，不能说明工科为主的学校性质。在优化文科专业的同时，要注重扩张"新工科"专业。

三要统筹安排人员。专业调整优化过程中，势必会带来部分老师的工作量发生变化，甚至减少或没有多少工作量。对此，学校要有全校整体的方案，采取整体的措施。人员安排上，可考虑"双转"：转型升级、转移使用。转型升级，可以通过组织进修、培训以及自身的学习提高，成为复合型人才，实现转型升级，适应新的工作需求；转移使用，就是学校通过组建"石湖智库"及其他的一批创新团队、创新平台，使他们转移到新的工作领域，继续发挥作用。

四、大踏步提升专业发展竞争力

一所院校的声誉、知名度、品牌效应，很大程度上取决于专业的质量、专业的竞争力。通过专业的调整、优化，培育一批优势专业、品牌专业和专业群，是提升专业竞争力、建设品质院校的必由途径。老专业怎么焕发青春，新专业怎么快速成长，优势专业怎么品牌化，品牌专业怎么保持发展，专业群怎么与产业链对接，等等，都要分别有目标，进行对标分析，采取相应的措施。每个专业的课程设置、教学方式创新、信息化教学技术应用、督学的强化、教学质量的诊断与改进、产教的深度融合、师资素质的提升等都要有相应配套政策措施跟上。

总之，资源的整合共享、专业的调整优化，是学校下一步必须引起高度重视并予以解决的重大问题。我们要以解决此问题来推动我校向着全国一流品质院校目标迈进。

(本文系作者2017年7月5日在学校年度发展研讨会上的发言稿整理而成)

高职教育校地资源"五双同构"融合循环共享的创新实践

——以苏州市职业大学为例

2019年6月,学校与中国电子科技集团公司第三研究所校所合作签约仪式

2022年6月,学校举行苏州市康养产业学院成立大会

习近平总书记强调的贯彻"创新、协调、绿色、开放、共享"的新发展理念[1]与构建"以国内大循环为主体，国内国际双循环相互促进"的新发展格局[2]，已成为新时代全面建设中国特色社会主义国家的重大任务。作为以"产教融合、校企合作"为鲜明特征的高职院校，如何将国家发展的新理念、新格局的要求贯穿到学校的教学、科研、管理、社会服务之中，既是一个重大的理论问题，也是一个重要的实践问题。近年来，苏州市职业大学立足自身实际，以改革创新促发展，加强资源优化配置，创新实施校地资源"五双同构"融合循环、开放共享，促进教育与产业更大广度、更深程度地融为一体，开辟了一条内涵式高质量发展之路。

一、校地资源融合循环共享的实施背景

马克思主义政治经济学原理告诉我们，经济活动在生产、分配、交换、消费各个环节的循环过程中实现了价值增值，推动了社会发展。[3]改革开放以来，全国人民在中国共产党的正确领导下，解放思想、开拓创新，建立中国特色社会主义市场经济体制，充分利用国内国际两种资源实现经济的循环发展，取得了举世瞩目的伟大成就。作为改革开放前沿地区之一的苏州，更是积极用好用活两种资源，"借船出海，借梯上楼"，创立首个中新两国政府合作项目——苏州工业园区，大力发展开放型经济，成为全国"最强地级市"[4]。

近年来，面对不断变化的国际经济形势，以习近平同志为核心的党中央提出"创新、协调、绿色、开放、共享"的新发展理念。身处开放型经济先进地区的苏州市职业大学，我深切体会到，一所高校的高质量发展，一定要置身于国家的发展大局之中，充分结合职业院校的办学特性，将发展新理念、新格局的要求以及苏州地方创造的成功经验，引入学校管理之中，与时俱进谋划发展新思路、

确立发展新布局。学校只有主动面向职业教育服务的经济建设和社会发展主战场，充分利用地方巨大无比、潜力无穷的社会优势资源，将自身的人力资源、科研资源、设施设备资源与地方的相应资源进行有机整合、循环利用、开放共享，才能提高学校服务地方发展的贡献度，促进学校高质量发展。

苏州市职业大学的领导班子认识到，学校与社会资源融合发展要实现效益最大化，仅仅与企业层面进行合作已不能适应培养高素质人才的新要求。因此，从2018年起，学校将校企合作的内涵扩展、提升至"三全"校地合作，实施"全方位"拓展合作对象、"全领域"拓宽合作范围、"全过程"拓入合作元素的校地资源全面融合循环共享的工作思路，推进"产教深度融合、校地全面合作"。学校实施的"三全"校地合作由单纯与企业方面的合作，提升为与"政行企校"各类对象的充分合作；由单一利用校内资源，提升为综合利用广泛的社会资源进行合力发展；由单向的资源流动，提升为校地多重双向组合的资源循环共享，且已取得了良好成效。目前，学校与约20个苏州市级机关部门、2个区级政府、20个镇（街道）、550多家企业建立合作机制，与全国10所大学和研究所合作共建产教融合项目，共建了23个企业（产业）学院、3个市级职教集团，校地资源全面合作得到广泛开展。

二、校地资源"五双同构"融合循环共享的组成部分

近年来，根据校地资源全面融合、循环共享发展的新部署、新布局，学校从师资建设、人才培养、科学研究、社会服务等多个方面，推出校地资源"五双同构"的创新举措，使学校在高质量发展道路上阔步迈进。

（一）组建"双主体"融合教学团队

职业教育的特点之一是产教融合。新修订的《中华人民共和国职业教育法》明确指出，"职业学校、职业培训机构实施职业教育应

当注重产教融合，实行校企合作"，这必然要求教学团队与产业需求紧密对接、校地融合。近年来，学校大力推进"双师"队伍建设，建有"双师"培养基地49个，每年组织一批教师进企业进行实践锻炼，"双师"比例得到不断提高，现已达到86.5%。同时，学校建设校地合作的"专业教师+专业人士""双主体"的融合教学团队，将学校的专业教师与苏州地区的专家学者、技能大师、非遗传承人、企业负责人等专业人士有机结合起来。目前，学校已聘请大批专业人士作为兼职教师，其中客座教授、兼职教授、产业教授达到85人。"双主体"融合教学团队成员相互学习借鉴、取长补短，地方发展的成功经验、企业的典型案例都被转化为教学内容，企业的用人需求变成了学生职业发展的努力方向。

（二）建设双链对接专业（群）

学校将拥有的人才培养教育链与地方经济发展的产业链进行有效融合对接，把落实立德树人的根本任务细化为培养"高品德、高技能、高适应性"的人才，特别在"高适应性"上下功夫，把企业所需的职业要求融入校企共建的项目中，对接产业的发展趋势建设高质量专业（群），合办学徒制班、订单班，力求学生能"零距离入职"，适应"入企即能上岗"的需求，减轻企业再培训的成本压力。近年来，面对苏州数字经济时代产业创新集群建设的新形势，学校提出"四化四机制"创新发展思路[5]，以专业建设为抓手，对各专业进行了"数字化改造、融合化转型"，新建了大数据、人工智能、工业机器人、工业互联网技术等10多个新兴产业专业，并对接地方产业建立了4个专业集群，增加了工科专业数量，扩大了专业影响力和苏州本地生源的招生规模，在双链融合对接中提高了人才的培养质量，努力实现政府、社会、师生"三满意"。

（三）打造双向实践共享基地

职业教育的法定职责，要求学校一方面高质量地开展好学生校内实训和校外实习，另一方面要将校内资源面向社会开放，拓展职业培训服务[6]，实行校地资源双向循环、互利互惠。目前，学校在校内建有国内一流的实训室 90 个，在校外建立学生实践基地 254 个。学校在苏州高校中率先推出《服务地方经济社会高质量发展资源汇编》（服务清单），分为四大类 15 个方面，与社会共享学校人才、技术、信息、设施设备等优质资源，开展"菜单式"和"定制化"服务。2021 年，在疫情防控的情况下，学校承接并完成横向技术服务、社会培训项目创历史新高。

（四）建立双方协同科技创新中心

学校倡导将科技成果根植在苏州的土壤中，瞄准苏州产业发展、企业实用技术研发和产品升级的契机，提供科技创新服务，将校地科技资源进行有机整合、开放共享。学校与地方政府部门、科研机构、本科院校、行业企业联合共建了人工智能、光伏发电、丝绸技术等协同创新中心 18 个，组织学校教授、博士入驻合作单位进行技术攻关，引入企业技术力量参与学校科研活动，合作开展技术研发。"十三五"以来，在学校党委的高度重视下，学校将创新创业教育作为人才培养模式改革的重要突破口，注重顶层设计，持续加强内涵建设，不断深化改革创新。实施了"创新创业重点建设年工程"，创建了"'三五五'创新创业教育体系"，组建了创新创业学院。近年来，学校先后获得江苏省科学技术一等奖（第三完成单位）、二等奖各 1 项，授权的发明专利数量在全国同类高校中名列前茅，并借用地方资源建成科技成果转移转化服务平台，一大批专利技术得到转化利用。

（五）创设双边组合建言献策平台

学校鼓励教师将论文"写在苏州大地上"，把校内智力潜能转化为服务地方发展的现实优势。在全国高职院校中率先创立并在民政部门正式注册的"苏州石湖智库"，按照"队伍融合化、课题协同化、研究前瞻化"的原则，组建了由 70 名校内、21 名校外特约研究员跨界组合的研究团队，每年举办不少于 6 期的"智汇苏州"论坛，让他们在教学、科研领域得到相互促进、提升。"苏州石湖智库"自2018年成立以来,已为苏州市委、市政府提供决策咨询报告130篇,其中获市主要领导等肯定性批示的有42篇(次)。2021年10月,学校与南京大学长江产业经济研究院合作成立苏州研究中心,该中心承担了一批研究项目,研究成果汇报到国家和省政府有关部门。同时,学校与苏州市纪委监委共建"况钟研究会",联合开展江南廉洁文化的研究与推广工作。

三、校地资源融合循环共享的保障机制

校地资源融合循环、开放共享,是一项系统工程,涉及面广,政策性强,工作量大。为此,学校党委、行政加强领导、统筹规划、合力推进,从校级层面建立有力的保障机制。

(一)组织保障

学校设立机构、明确责任,建立了由"校领导小组—校地合作办公室—院(部)分管领导—院(部)专员"四个层面构成的校地合作人才队伍。校地合作工作学校领导小组,由校党委书记任第一组长,校长任组长,研究合作政策、重要合作方案,协调处理重要事项;领导小组下设专门的校地合作办公室,进行资源整合,统一扎口开展工作;各学院(部)明确分管领导,负责调动和融合学院(部)资源;学院(部)设有校地合作专员,专人负责日常工作,校、院协同保障相关项目顺利实施。

(二)制度保障

学校大力推行量化绩效考核制度,将校地全面合作、资源融合循环共享工作纳入学校绩效考核之中,建立专项考核管理信息化平台,对二级学院(部)下达年度目标任务,进行量化考核。鼓励广大教师参与社会服务,共享智力资源,其服务社会的效能、绩效,与职称评定、职务晋升、评先评优等挂钩。这一制度的实施,有力地推动了校地资源利用的最大化,促进了产教融合深度

开展。

（三）经费保障

学校在充分调查研究的基础上，有效发挥政策的激励作用。2019年起逐步制定出台《苏州市职业大学校地深度融合发展行动计划》《苏州市职业大学进一步推进校地合作、产教深度融合的实施意见》等6个校地全面合作、资源融合循环共享的配套政策文件，区分公益性服务和有偿服务等不同情况，进行分类指导，并设立专项资金进行奖励。

校地资源融合循环共享不仅可以最大化利用高校资源服务地方发展，还可以有效引入社会各方资源参与学校办学，这与新修订的《中华人民共和国职业教育法》"鼓励和支持有技术技能人才培养能力的企业特别是产教融合型企业与职业学校、职业培训机构开展合作"，非常契合。校地携手，焕发活力，从而有效地推动产教深度融合，形成学校事业进步和地方经济社会高质量发展的双赢局面。

参考文献：

［1］中共中央宣传部. 习近平新时代中国特色社会主义思想三十讲［M］. 北京：学习出版社，2018：105.

［2］习近平. 在经济社会领域专家座谈会上的讲话［M］. 北京：人民出版社，2020：4.

［3］黄泰岩. 新发展格局：马克思资本循环理论的继承与发展［N］. 光明日报，2022-03-15（11）.

［4］张占斌. 国内大循环［M］. 长沙：湖南人民出版社，2020：92-94.

［5］钮雪林. 数字经济背景下高职院校专业建设"四化四机制"创新发展的思考：以苏州市职业大学为例［J］. 苏州市职业大学学报，2021，32（04）：1-4.

[6] 国务院关于印发国家职业教育改革实施方案的通知[EB/OL].（2019-02-13）[2022-02-05]. http://www.gov.cn/zhengce/content/2019-02/13/content_5365341.

（本文刊载于《苏州市职业大学学报》2022年第2期，有改动）

以"融合共建"深化高校党建内涵

2021年5月,学校党史学习教育中党委书记讲党课

2021年11月,调研推进学校"红色书房"建设

习近平总书记在中央和国家机关党的建设工作会议上指出，要处理好党建和业务的关系，坚持党建工作和业务工作一起谋划、一起部署、一起落实、一起检查。[1]近年来，苏州市职业大学重点解决"融什么"和"怎么融"，以"融合共建"党建推动新时代高校内涵式高质量发展。

苏州市职业大学坚持融合发展理念，通过成立产教融合党建联盟、开展"党建+特色"品牌创建等工作，对如何在市属公办高职院校中开展融合党建工作进行了有意义的探索，学校党委把探索推广"融合共建"模式作为重点工程，取得了较好的成效。2020年以来，在前期融合党建工作的基础上，学校党委在基层党组织中实施"全面结对、全面过硬"融合共建行动计划，创新性提出了"融合共建"工作模式。具体来讲，就是在各级党组织中广泛开展"校内校外共结对，融合党建育英才"活动，通过党组织之间的签约结对，在组织共建、队伍共管、活动共促、资源共享、人才共育等方面开展融合共建，有效打破了教学单位与管理部门、文科专业与理工科专业、校内机构与校外单位之间的壁垒，实现了资源整合和优势互补。作为融合党建的抓手，"融合共建"模式很好地把党建融入人才培养、教学科研、社会服务等中心工作，通过"请进来、走出去"，有效会聚起结对共建各方的合力，既促进职业教育内涵提升和教育教学水平的整体提高，更进一步强化了党建对学校事业高质量发展的引领。

构建融合党建大平台，完善新时代职教"三全育人"的新格局。高校应将融合理念根植于学校发展基因，构建党建与发展统筹推进的新机制，系统提升党建工作质量，把党建优势转化为发展优势。学校党委以习近平新时代中国特色社会主义思想为指导，把融合党建作为"总揽全局、协调各方"的重要抓手，聚焦"成就教师，成就学生"，立足地方高职院校实际，立足全局思考、谋划、推动党的建设。在推动融合式党建的实践中，培育工作新动力，拓展党建新

空间,有效构建大融合、大党建的工作新格局。推动党建更好地融入师生、融入发展,以"融合党建"推动事业发展。学校创新以党建融合校园文化建设的新思路,拓展以校园文化为载体的党建工作新途径,发挥高校党建和校园文化的育人功能,形成良好的党风、校风、教风、学风,切实推进党建融入校园文化的纵深发展。

打造融合党建共同体,构筑政行企校协同育人的生态圈。高校要用融合的方式创新基层党建工作,推动各领域党组织从相互独立走向相融共生。目前学校的校内校外结对共建党组织已达127对,结对共建党组织充分发挥自身专业学科特点,找出最佳融合点,以共享优势资源、共建研究创新基地、共上跨专业融合课程等方式,将党建与特色工作融合发展,有效提升人才培养质量。学校以"联盟党建"实现各方互促共进,当前联盟党建已辐射到一批中小民企中,助力他们做好党的建设工作,实现校企合作多方互赢共利。学校各级党组织与地方各级机关、企事业单位、社会团体和兄弟院校党组织联建共建,探索校地合作服务地方经济、社会发展、区域治理,拓展校地合作和产教融合的广度、深度,提升学校服务地方经济社会发展能力。在融合共建推动下,学校牵头成立三个市级职教集团,与苏州市三个区全面合作。学校各级党组织根据人才培养和党建工作实际,融入与专业相关的企业单位,构建政行企校协同的党建共建融合体,推动党建与人才培养、社会服务、区域治理融合创新。

凝聚融合党建大团队,迸发党建引领事业发展的新动能。高校要用融合的方法打破条块分割,汇聚先锋力量,将党建贯穿于立德树人的全过程,实现抓党建与抓发展相统一、相促进。学校党委实施"领航者"工程,在二级党组织中全面建成"基层党组织书记工作室",在党员中开展"党徽亮、先锋强"实践活动,创新推出"融合党建促发展、双创双争当先锋"系列示范开放主题党日活动,打破了以党支部党员为主体的单一活动形式,推动了党日活动向实践型、互动型、开放型转变，充分展示各基层党组织的党建特色的同时，也为基层融合党建工作搭建了学习交流示范的平台。实施教师党支部"双带头人"培育工程，选优配强教师党支部书记队伍，同时通过开展"一名党员、一面旗帜、一个项目"党员树标杆活动，组织动员广大党员教师立足本职工作，在学校教学科研中发挥先锋模范作用，使党支部真正成为展示自我、提升自我、完善自我以及教学科研、专业建设的重要平台。学校党委在做强做优传统党建品牌"先锋论坛"的同时，以"党建+特色"品牌战略，积极推进党建"一院一品"创建。各学院党总支结合专业特点和专业优势，将党建与创新创业、文化传承、美育涵养等深度融合，形成"党建+创客教育2.0""党建+吴文化""党建+美育"等一批特色鲜明院级党建品牌。学校深入开展"双创双争"（创新争先、创优争光）活动，以"党建课题""书记项目"为依托，推进基层组织工作创新，激活党员队伍活力，增强党员服务师生能力。

参考文献：

[1] 习近平在中央和国家机关党的建设工作会议上的讲话[EB/OL].（2019-11-01）[2022-4-10]. http://www.gov.cn/xinwen/2019-11/01/content_5447389.htm.

（本文刊载于2022年5月10日《新华日报》，有改动）

构筑新时代江南廉洁文化高地

2019年4月,学校"廉石馆"开馆暨廉政文化宣传教育系列活动启动

2019年4月,学校廉政教育基地"廉石馆"

人文荟萃的江南之地，不仅是全国的经济和文化中心，还是全国的廉洁文化建设高地。在中国特色社会主义现代化国家建设的新时代，基于江南地区深厚的廉洁文化基础，要充分利用文化资源，多渠道、多形式开展廉洁文化建设，为廉洁文化的当代传承和内涵的进一步丰富写下生动注脚。

一、准确把握廉洁文化新内涵

2022年2月，中共中央办公厅印发的《关于加强新时代廉洁文化建设的意见》（以下简称《意见》）指出，党中央高度重视廉洁文化建设，强调反对腐败、建设廉洁政治，是我们党一贯坚持的鲜明政治立场，是党自我革命必须长期抓好的重大政治任务。

相比较封建时代的廉洁文化，新时代廉洁文化的内涵更为丰富和深刻。在传承和弘扬中华优秀传统文化的过程中，充分挖掘廉洁文化元素，深度凝练提炼成教育资源，从社会主义先进文化中凝聚思想共识，在全社会范围内培育风清气正的廉洁价值理念，切实抓好廉洁文化建设，是坚持全面从严治党的基础工作。

《意见》指出，要夯实清正廉洁思想根基，发展积极健康党内政治文化，引领廉洁文化建设。在社会主义新时代，全面而准确地把握廉洁文化新内涵，要从传统文化中汲取先进思想和人文品格，以指导新时代的奋斗者。要充分培育廉洁自律的道德操守，让领导干部时时刻刻做到明大德、守公德和严私德。

二、凝练江南廉洁文化精髓

江南廉洁文化，作为中华廉洁文化重要组成部分，与中华廉洁文化同根同源，又有其独特性，主要包含四大方面的内容。

一是修身齐家的俭朴思想。自幼即熟读儒家经典而入仕为官的古代官吏，将"修身齐家治国平天下"作为自身价值实现的渐进目标。晋室南渡后，江南地区开始集聚诸多士族，且大多重视对子孙

的品格培养和道德教育。以陆绩为代表的陆氏家族、以顾雍为代表的顾氏家族、以范仲淹为代表的范氏家族等文化世家的子孙在走上仕途后，大多能秉承祖训家风，做到勤政廉政。

二是艰苦奋斗的勤政思想。江南人外柔内刚、仁爱有德的人文品德还体现在充满对国家和民族的热爱情怀等方面。自唐宋起，江南一地的官员大多秉持艰苦奋斗、勤于政务的官场之风，典型代表有唐朝中期常州刺史独孤及、北宋政治家王安石、清代有"天下第一清官"之誉的张伯行等，其任劳任怨的执政方式影响了后世吏治之风。

三是倡导官德的廉政思想。在崇文重教的文风引领下，江南社会民众逐渐形成了崇尚积德行善、崇敬先贤的社会风气。明清时期，苏州民众自觉自发地在各县邑甚至是偏僻乡里建立了诸多先贤先哲、忠烈义士的祠堂庙宇。正是江南地区长久以来形成的惩恶扬善的民间信仰，源源不断地为廉洁之风注入了民众监督力量。

四是爱国爱民的仁政思想。儒家民本思想要求仁者爱人，克制私欲，为公为民。在以苏州为核心的江南地区，仁爱克己的社会风气自泰伯、仲雍以"至德"之心奔于江南，自吴国建立之初便已开始传承。北宋时期，苏州人范仲淹更以"先忧后乐"的高尚情怀引领江南地区的官吏爱国爱民、勤政仁政。

三、厚植江南廉洁文化软实力

江南丰富的廉洁文化资源，为提升廉洁文化软实力奠定基础。

充分发挥江南廉洁文化资源优势，厚植廉洁奉公的文化基础。在新时代，江南地区各省市要强化廉洁理论武装，增强政治定力和拒腐能力。一方面，要坚决贯彻落实习近平总书记关于全面从严治党、党风廉政建设、廉洁文化建设的重要论述；另一方面，要充分发掘江南廉洁文化资源优势，形成廉洁文化知识体系，充实丰富各级党委（党组）理论学习中心组学习计划，从而形成廉洁奉公的文化基础。

充分发挥廉洁教育基地作用,讲好清廉江南故事。坚持廉洁文化内容守正和廉洁文化建设的形式创新,运用 AR、VR 等多种新媒体、新技术,推动廉洁文化基因创造性转化、创新性发展,讲好清廉江南故事。充分发挥政德教育基地的教育引导作用,厚植地域特色廉洁文化,潜移默化地引导党员干部提升人文素养,提高廉洁奉公的精神境界。

营建崇德尚廉的清朗社会民风,打响江南廉洁文化品牌。江南地区民风淳朴,自古以来就崇尚品德高洁和清廉正义的社会风气,有着良好的廉洁文化底蕴和基础。在新时代,更要牢牢守护廉洁文化底色,充分发挥廉洁文化塑魂正身、化风成俗的作用,全力构筑不敢腐、不能腐、不想腐的思想堤坝,为构建风清气正的良好政治生态提供强有力的文化支撑。

(本文刊载于 2022 年 5 月 17 日《新华日报》,有改动)

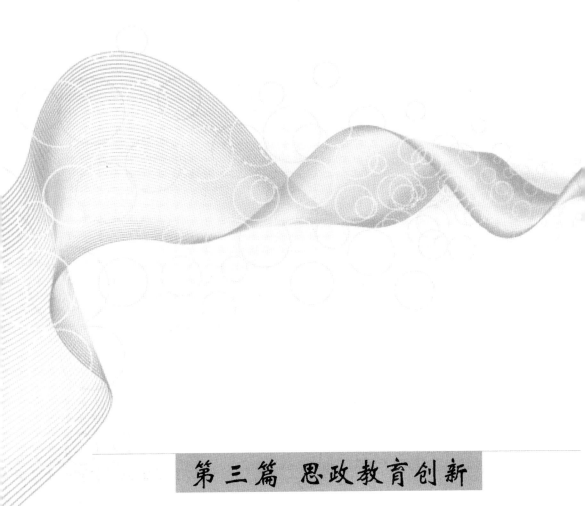

第三篇 思政教育创新

自信奋斗才能成就精彩人生

2017 年 6 月,为学校青年党员上党课

2021 年 1 月,为机电工程学院宣讲党的十九届五中全会精神

习近平总书记在庆祝中国共产党成立95周年大会上的重要讲话中提出了"四个自信"。他强调,坚持不忘初心、继续前进,就要坚持中国特色社会主义道路自信、理论自信、制度自信、文化自信[1]。他教育青年,现在,青春是用来奋斗的;将来,青春是用来回忆的。[2]每个青年都应该牢记习近平总书记的教诲。自信,比黄金更重要;奋斗,决定前程命运。当代青年特别是青年党员,应该坚持"四个自信",努力奋斗前行,实现自己的梦想。

一、坚定自信心在历史和现实中的重要体现

"自信人生二百年,会当水击三千里。"这是毛泽东同志青年时代写下的豪迈诗句。自信,对一个民族、一个国家、一个地区、一个单位,直至一个家庭、每一个人,都有着十分重要的意义和作用。从古至今,这方面的事例不胜枚举。

20世纪90年代中后期,学术界在讨论"苏南模式"与"温州模式"孰优孰劣的问题时,对"苏南模式"提出了不少批评意见。事实上,一种所谓的经济模式,或者一种经济形态的出现、形成,都有其历史和现实的基础、条件。"苏南模式"与"温州模式"从当时、当地实际出发,都是非常明智、实事求是的选择。在讨论过程中,历届苏州市委、市政府保持清醒头脑,坚持自信,对"苏南模式"既不骄傲自大,也不妄自菲薄,坚持扬我优势,改进不足,学习"温州模式"先进的、适用的经验、做法,对苏州经济发展方式进行改革、完善,在不断扬弃中前进、发展,直到今天苏州走出了一条转型升级、创新发展的道路。改革开放30多年来,苏州抓住了每一个发展机遇,形成了"张家港精神""昆山之路""园区经验"这"三大法宝",成为众多创业者和就业者向往的地方。

一个政党、一个组织要有自信心,一个团队、一个人也同样如此。中国人民解放军喊出"首战用我,用我必胜"的口号,自信而响亮。运动员上场比赛,充满自信才可能拿到冠军。学生参加考试、竞赛,有强

烈的自信才能取得理想的成绩。因此，不论做什么事，"自信"非常重要，自信是成功的基础，自信是前进的动力，自信是一个永恒的主题。

二、"四个自信"的坚实基础和光明前景

中国共产党建党96年来，中华人民共和国成立60多年来，特别是改革开放30多年来，一个不靠战争、不依掠夺的"文明型国家"在世界上和平崛起；一个人口超过13亿的大国在现代化的道路上不断迈进，大力传承和弘扬中华优秀文化，这是人类进步的一大壮举。这充分说明了中国特色社会主义制度和国家治理体系的强大生命力和巨大优越性，充分展示了中华文化的巨大魅力，充分彰显了"四个自信"的坚实基础。

2010年，中国的经济总量首次超过日本，成为世界第二大经济体。2016年，中国的GDP达到74.4万亿元，而且有200多种产品的产量位居全球第一。西方发达国家用几百年走过的工业化道路，中国用几十年就走完了。近年来，我国的航天技术、计算机技术、量子技术、纳米技术、高铁技术、桥梁技术等技术，以及风能、太阳能、电动汽车、重大装备制造等一大批产业，已经走到了世界的前列；华为、中兴、阿里巴巴、腾讯、海尔、格力等一批中国企业，已成为世界级的跨国公司。20年前甚至10年前我们不敢设想的喜人景象出现了：我国一大批企业走出国门，几乎在世界各地建立起了生产基地、研发机构、销售网络，实现了全球化生产经营。2017年5月14日至15日，在北京举行的"一带一路"国际合作高峰论坛表明，中国将在世界的发展中发挥更大的作用，对推动"人类命运共同体"的建设做出更大贡献。

回顾历史，中华民族历经重重磨难。甲午中日战争中，日本向清政府要求赔款达2.3亿两白银；1900年，八国联军侵华战争让清政府赔款4.5亿两白银，分39年还清，本息共计9.8亿两。中国多次失去现代化建设的时机。1949年，我们结束了半殖民地半封建社会，建立起新中国，在底子薄、基础差的条件下，进行了社会主义

革命和建设。在中国共产党的坚强领导下，中国经济行稳致远。20世纪80年代初有一首传唱极其广泛的歌曲——《年轻的朋友来相会》，其中有这样两句歌词："再过二十年，我们重相会，伟大的祖国，该有多么美……"事实上，今天我国的发展水平和人们的生活水准，已经远远超出了当初人们的想象和期望。

诚然，当前我国发展还存在不少问题，有些社会矛盾还比较突出，要解决的问题还很多。对此，要从社会历史的大背景中来认识、判断存在的不足和问题。当国家处于发展初期及大发展的过程中时，一些问题在所难免。一些发达国家也曾出现贪污腐败、环境污染、物价大涨等问题。中国共产党面对存在的问题，不护短、不回避，不断地进行自我净化、自我完善、自我革新、自我提高。世界上没有哪个政党能像中国共产党这样，重视党的自身建设，敢于正视自己存在的问题并积极加以整治、改进，勇于以如此大的气魄开展反腐败斗争。在政党制度方面，我国实行的中国共产党领导的多党合作和政治协商制度，也显示出其优越性。

中国人民在中国共产党的领导下，已取得举世瞩目的成就。当今时代是实现中华民族伟大复兴的中国梦的最好时代，也是最接近实现中国梦的时代。坚持"四个自信"具有坚定的物质基础和文化基础，中华民族的前景光明而灿烂！

三、青春在坚持自信的奋斗中呈现价值

一个国家、一个民族的发展潜力深藏于青年，发展动力来自青年，发展希望寄托于青年。"少年智则国智，少年富则国富；少年强则国强，少年独立则国独立；……少年雄于地球则国雄于地球。"[3]梁启超先生写于1900年的《少年中国说》，今天读来仍令人心潮澎湃，催人奋进。习近平总书记2017年5月3日考察中国政法大学时强调：中国的未来属于青年，中华民族的未来也属于青年。青年一代的理想信念、精神状态、综合素质，是一个国家发展实力的重要

体现，也是一个国家核心竞争力的重要因素。当今中国最鲜明的时代主题，就是实现"两个一百年"奋斗目标、实现中华民族伟大复兴的中国梦。[4]

在这个伟大的时代，寄望青年学子，包括我们的青年教师，尤其是青年党员同志们。

(一) 青年要志存高远，坚信理想目标

青年党员要牢记入党誓词，不忘初心，牢固树立共产主义远大理想和中国特色社会主义共同理想。要放眼长远，心怀梦想，把中国梦与自己的人生梦结合起来，把人生理想融入国家和民族的光荣伟业之中，成就一番事业，实现心中的梦想。希望青年党员充分珍惜、利用青春年华，奋发有为，茁壮成长。

(二) 青年要力学笃行，坚持学习求知

知识就是力量，知识是成才的基础，知识能够改变命运。岳飞《满江红》中的"莫等闲，白了少年头，空悲切"，劝告人们不要虚度年华，空将青春消磨，充满了人生哲理。习近平总书记指出：梦想从学习开始，事业靠本领成就。广大青年要自觉加强学习，不断增强本领。人生的黄金时期在青年。青年时期学识基础厚实不厚实，影响甚至决定自己的一生。[5]青春一去不复返，每个青年人应抓住年轻的大好时光，如饥似渴、孜孜不倦学习。成功的背后，永远离不开艰辛的努力。

(三) 青年要德才兼备，坚守高尚情操

人生道路上，只有树立良好的品德，以德育人，以德润才，以德成业，青春的才华才能用于正道，还诸社会，报效国家。习近平总书记谆谆教导：广大青年要自觉践行社会主义核心价值观，不断养成高尚品格。要以国家富强、人民幸福为己任，胸怀理想、志存高远，投身中国特色社会主义伟大实践，并为之终生奋斗。要加强思想道德修养，自觉弘扬爱国主义、集体主义，自觉遵守社会公德、职业道德、家庭美德[6]。这是我们学校教育之根本任务，也是青年成才必须坚守的道德情操。

(四) 青年要百折不挠,坚定开拓创新

习近平总书记指出:青年时期多经历一点摔打、挫折、考验,有利于走好一生的路。要历练宠辱不惊的心理素质,坚定百折不挠的进取意志,保持乐观向上的精神状态,变挫折为动力,用从挫折中吸取的教训启迪人生,使人生获得升华和超越。总之,只有进行了激情奋斗的青春,只有进行了顽强拼搏的青春,只有为人民作出了奉献的青春,才会留下充实、温暖、持久、无悔的青春回忆。[7]人生是在不断克服困难、战胜挫折中前进的,"风雨之后方见彩虹"。同时,人生道路上不能墨守成规、得过且过、耽于安逸,而要敢于开拓、勇于创新,在拼搏进取中成就人生,建功立业。这个世界永远属于在开拓创新中奋斗着的青年人。

参考文献:

[1] 习近平. 在庆祝中国共产党成立95周年大会上的讲话[N]. 人民日报,2016-07-02 (02).

[2] 习近平.在同各界优秀青年代表座谈时的讲话[N]. 人民日报,2013-05-05 (02).

[3] 梁启超. 少年中国说[M]//梁启超. 饮冰室合集:饮冰室文集之五. 北京:中华书局,1989:238.

[4] 习近平在中国政法大学考察时强调:立德树人德法兼修抓好法治人才培养 励志勤学刻苦磨炼促进青年成长进步[N]. 人民日报,2017-05-04 (01).

[5] 习近平.在知识分子、劳动模范、青年代表座谈会上的讲话[N]. 人民日报,2016-04-30 (02).

[6] 同[5].

[7] 同[2].

(本文系作者2017年6月7日为学校青年党员上党课的内容整理而成,刊载于《苏州教育学院学报》2017年第6期,有改动)

创新思政工作"四个导向",
增强育人使命责任担当

2021年5月,学校数字思政教育观摩课

2021年4月,学校"教授大讲堂"(第3期)

习近平总书记在全国教育大会和全国高校思想政治工作会议上的重要讲话,深刻回答了"培养什么样的人、如何培养人、为谁培养人""办什么样的大学、怎样办好大学"这些根本性问题,为高校办学指明了方向,为做好新时代高校思想政治工作提供了根本遵循[1-2]。苏州市职业大学(以下简称苏职大)审时度势,凝聚各方智慧和力量,积极探索思想政治工作新路径,切实担当起立德树人的使命责任。

一、使命导向:努力实现育人三个"聚焦"

以"育人"这一神圣而崇高的使命为导向,苏职大提出培养"高品德、高技能、高适应"技术技能型人才,为社会主义事业输送合格建设者和可靠接班人。这与党和国家出台的一系列高职教育改革发展方向相吻合,尤其与苏州产业转型升级的需求相适应,主要从以下三个维度聚焦发力。

第一,聚焦培养"高品德"人才——有信仰的人。人无德不立,育人的根本在于立德,育人的核心在于树人。苏职大紧紧抓住"立德树人"这个根本任务,牢牢掌握意识形态工作领导权、管理权和话语权,理直气壮传播马克思主义,宣传习近平新时代中国特色社会主义思想,坚持把社会主义核心价值观贯穿于办学育人全过程,培养学生树立正确的世界观、人生观和价值观。同时,把立德树人内化到学校建设和管理各领域、各方面、各环节,旨在培育信仰坚定、品德高尚的可靠接班人。

第二,聚焦培养"高技能"人才——能做事的人。社会主义建设者和接班人需要练就过硬本领,做有理想、有学问、有才干的实干家。近几年来,苏职大继承办学传统,逐步形成弘扬工匠精神的优良教育氛围。用精益求精的品质精神、专注执着的敬业精神激励学生成为"高技能"人才,做到精于工,匠于心,品于行,使学生在不断付出中得到成功的精神享受和社会的认可与尊重,进而实现自身价值。[3]

第三，聚焦培养"高适应"人才——不断成长的人。身处知识化、全球化、网络化时代，每个人只有不断学习、不断适应、不断超越，才能拥有持续的成功和成长。"高适应"人才是既具有领域专业知识，又能够进行更广泛的专业实践、理解和延伸的从业者。苏职大从自学能力、研究能力、思维能力、表达能力、组织管理能力推动人才培养，使学生能够适应不断变化的环境，可以跨领域工作，可以运用新技术、展现新技能。

二、创新导向：全力促进思政"三结合"

苏职大坚持党对教育工作的全面领导，紧抓立德树人根本任务及思政工作生命线，创新性地实施思政教育"三结合"工作举措，全面提升思政工作水平。

一是理想信念教育与基本道德教育相结合。学校重视教育师生自觉做共产主义远大理想和中国特色社会主义共同理想的坚定信仰者、实践者。党员干部做表率。苏职大通过定期组织院校两级理论学习中心组、干部专题培训班、基层干部能力提升培训班、综合素养提升研修班等，使理想信念教育常态化、制度化，引导党员干部坚定理想信念，保持政治定力和战略定力。同时，提高教师师德要求。学高为师，身正为范。苏职大制定《苏州市职业大学教师职业道德规范（试行）》，引导教师以高尚师德、人格魅力、学识风范教育感染学生，做学生健康成长的指导者和引路人。苏职大党委支持思政课教师积极参与教改，创新"思政+专业"双主体思政课程，探索如何使各类专业课程与思想政治理论课同向同行，形成协同效应，把思想政治教育融入学生日常行为规范中，从细节入手，使学生养成文明遵章、礼让守法、明礼诚信的良好习惯。

二是有形载体教育与无形渗透教育相结合。"有形载体"重在载体建设及其知识信息的传播；"无形渗透"意在潜移默化，注重课堂教学和日常教育，使有形载体教育与无形渗透教育相互促进、相得益彰，发挥积极的教育作用。苏职大开展文明校园建设提升"三年行动计划"，重点推进有形载体建设，如吴文化园，科普园，健身步道—人文长廊，安全通道廊桥，宣传文化长廊，"党建、廉政、思政"长廊，思政文化墙，"两微一网"等，以文字、图片、视频等师生喜闻乐见的方式传递思想信息，使其入眼、入耳，发挥有形载体的"育人"作用。同时，苏职大不断强化教风学风建设，如选树践行社会主义核心价值观"一月一主题一项目"先进案例，举办"名师评选""我最喜爱的老师""辅导员大赛""校园之星暨大学生年度人物"及各类学生奖学金评选等活动，开设"信仰公开课""我的青春报告会"等课程与讲座，通过优秀师生言行、举止、仪表、爱好等"无形教育"题材，达到"润物细无声"的感染、渲染教育效果。

三是办实事感召教育与树先进典型教育相结合。思政工作需要"虚功实做"，在做实事中提高思想认识。苏职大坚持每年为师生办一批实事项目，2016年至今已办理20项，帮助师生员工解决生活、工作和发展中遇到的困难。如2019年在学生宿舍区开辟了固定晾衣场所，解决学生晾晒衣物难问题；在学校运动场增设照明灯柱等，保障学生夜间运动安全问题；在教学楼增设一批教师课间休息室，解决教师课间休息问题等。同时，苏职大树标兵、立楷模，开展"创新争先、创优争光"活动，制定《年度综合表彰项目评选工作实施方案》，设立"特别贡献项目""突破项目""创优项目""特色项目"等表彰项目，连续4年评出一批推动学校事业发展的优秀典型，通过先进工作的感召力和感染力，引导广大师生员工争做爱岗敬业的示范者、开拓创新引领者，以实际行动为学校改革与发展提供强大精神动力。

三、效果导向：着力推动师生"双成就"

教师和学生是学校办学的主体，是办学的永恒主题。苏职大通过创新思政"三结合"的工作举措,既让师生持续接受宏大的主题教育,又搭建各类促进师生成长的平台,明确思政"硬要求",融入工作"软服务",使思政教育既接地气又贴近师生需求,掷地有声,成为有思想、有情怀、有尊重、有期许、有温度的教育,推动"成就学生、成就教师",着力为广大师生成长成才下功夫。

近两年来,苏职大通过营造发展氛围,提高创新能力,鼓励多出成果,涌现出一批名师及重要成果。如李世超教授领军的创新团队研发的"表面功能技术在丝绸织绣上的应用"项目,已投入产业化应用,社会效益十分明显;再如汪义旺副教授负责的"智慧能源装备与电能变换协同创新中心",近年来承担和参与了包括国家自然科学基金在内的多项科研项目,成果获江苏省科学技术二等奖等,产生了直接经济效益上亿元。一个阶段以来,学校通过加强管理,服务学生,鼓励人生出彩,涌现出一批优秀学生及其团队。如2019年,苏职大荣获"虚拟现实(VR)设计与制作"全国技能大赛一等奖,第五届中国"互联网+"大学生创新创业大赛铜奖,第十六届"挑战杯"全国大学生课外学术科技作品竞赛省赛特等奖,江苏省第十四届大学生职业规划大赛总决赛专科组总冠军等。

四、机制导向:通力构建制度保障体系

党的十九届四中全会提出了坚持和完善中国特色社会主义制度、推进国家治理体系和治理能力现代化的总体目标。[4]良好的机制是事业成功的保证。多年来,苏职大努力建立一个高效顺畅的工作机制,保障思政工作创新发展,践行"育人"使命。

一是组织领导机制。苏职大党委成立思政、意识形态工作领导小组,加强学校层面的设计,建立和完善思政、意识形态管理制度,出台《关于进一步加强和改进新形势下思想政治工作的实施意见》及其任务分解表、《关于落实意识形态工作责任制的实施细则》,制定意识形态工作要点,通过签订工作责任书等形式,健全责任体系,明晰责任清单，层层压实责任。实施《加强哲学社会科学课堂教学、报告会、研讨会、讲座、论坛等的管理办法（修订）》，按照"谁主办、谁负责，谁审批、谁监管"原则，实行审批监管，明确"学术研究无禁区，课堂讲授有纪律"，以制度管人、管事。

二是学习调研机制。苏职大党委及时传达学习习近平总书记重要讲话、重要指示精神以及中央和上级党委、教育部门关于思想政治工作重大决策部署，将思想政治工作要求纳入党委中心组理论学习的重要内容，纳入重要议事日程。2019年苏职大党委召开八次会议，专题研究思想政治、意识形态工作，切实把上级要求落到实处。同时，领导班子坚持带头深入调查研究，做到"五必去"（课堂、食堂、宿舍、实验实训室、实事项目和重大项目现场必去），"五必问"（党员干部、在校学生、一线教师、民主党派、老领导老同志必问），了解师生思想动态，掌握一手信息，增强思政工作的针对性、有效性。

三是评价督查机制。苏职大党委切实完善思政、意识形态工作评价机制，将思政、意识形态领域工作纳入全面从严治党主体责任评价范围，纳入领导班子和领导干部目标管理，同部署、同落实、同检查、同考核。定期召开院校两级意识形态领域情况分析研判联席会议，加强对倾向性、苗头性问题的正面引导，年底举行党总支书记述思政、述意识形态工作汇报会。党委领导班子、各部门和院（部）领导班子把思政、意识形态工作作为民主生活会和述职述廉重要内容，接受监督、评议，实行量化考核。坚持将思政建设、意识形态工作做到抓在日常、严在平常、做在经常，教育引导党员干部向中央看齐，向党的理论和路线方针政策看齐，为党和国家实现"两个一百年"奋斗目标作出应有的贡献。

参考文献：

［1］习近平在全国教育大会上强调：坚持中国特色社会主义教育发展道路　培养德智体美劳全面发展的社会主义建设者和接班人［N］.人民日报，2018-09-11（01）.

［2］习近平在全国高校思想政治工作会议上强调：把思想政治工作贯穿教育教学全过程　开创我国高等教育事业发展新局面［N］.人民日报，2016-12-09（01）.

［3］钮雪林.建设"一流品质院校"领导干部治理能力高质量提升的思考：以苏州市职业大学为例［J］.苏州市职业大学学报，2019，30（01）：2-4.

［4］中国共产党第十九届中央委员会第四次全体会议公报［N］.人民日报.2019-11-01（01）.

（本文刊载于《苏州市职业大学学报》2020年第1期，有改动）

筑牢新时代高校思政工作主阵地

2020年7月,调研思政部工作

2020年12月,与青年教师面对面开展"对话苏职大发展"活动

以习近平同志为核心的党中央就加强和改进高校思想政治工作提出了一系列新理念、新思想、新战略，明确"做好高校思想政治工作，要因事而化、因时而进、因势而新"[1]。我们党历来重视思想政治工作，跟随时代和社会发展，思想政治工作不断创新思路，积累了丰富的工作经验。面对现代信息技术带来的变化，高校思想政治教育对象的思维维度、场域空间都发生了质的变化。适应新时代新要求做好高校思想政治工作，关键在于通过创新方式方法、提升工作实效性，牢牢守好主阵地。

一、创新机制，牢牢掌握思政工作领导权和主动权

高校思想政治工作的核心任务，就是"立德树人"。思想政治工作需要因势而谋，顺势而为，掌舵导向。

坚持战略思维，高校思想政治工作要突出"强"。加强和改进高校思想政治工作是一项重大的政治任务和战略工程，新形势下更要守正创新。面对各种新情况和新矛盾，高校要进一步坚定政治站位，更加理直气壮加强思想政治工作，通过加强顶层设计，围绕中心排兵布阵，确保习近平新时代中国特色社会主义思想、党的路线方针政策得到最强有力的传递。

坚持系统架构，高校思想政治工作要突出"实"。针对处于"拔节孕穗期"的青年大学生，思想政治工作需要发挥"精准滴灌"作用。一是调查研究要实。思想政治工作是做人的工作，是有"灵魂"的工作。解决思想政治工作"虚化""弱化""僵化"等问题，最好的办法就是沉下心做调研，了解师生所思所想，增强工作针对性。二是运行机制要实。创新组织领导机制、日常运行机制、考评奖惩机制、评价督察机制、综合保障机制，构建思想政治工作有效运行生态系统，增强工作科学性。三是具体工作要实。思想政治工作要"接地气"，必须把"虚"功做实、做强。

坚持能力提升，高校思想政治工作要突出"术"。一是倡导战

"术"。讲究战略战术是掌握主流思想价值观念传播阵地主动权的重要环节，需要培养一支善于传播中国"声音"、善于阐释最新理论、善于使用现代话语体系的思想政治工作者"行家里手"队伍。二是讲究艺"术"。思政工作者提升脚力、眼力、脑力、笔力，要在实践中升华，在担当中历练。三是拥有技"术"。互联网这一"双刃剑"，要求思想政治工作者运用互联网思维，提高驾驭掌控能力，实现精准施策。

二、创新载体，多维平台探索有效思政工作

思想政治工作需要教育者与被教育者通过载体建立联系，传递政治观点、思想认识、道德规范和行为准则的相关信息和知识。掌握载体就找到了思想政治工作的抓手。

在做"亮"有形载体中增强思想政治工作吸引力。随着现代技术的快速进步，思想政治教育载体呈现多元化状态，用好、用活载体是当务之急。一是丰富载体。当下实体载体、虚拟载体，传统载体、信息化载体交融，思想政治教育需要与时俱进，实时研究开发各类载体功能，服务师生不断增长的需求。二是精准"发声"。思想政治教育的核心要义是正面宣传和舆论引导，以具有思想性、理论性和针对性的内容精准"发声"。三是灵活管理。促进思政教育与文化教育相融合、思政工作传统优势同信息技术相融合、信息科技与思政媒体产品相融合是趋势和方向。及时而有效的应急管理是新时期思政工作的重要内容。

在做"新"活动载体中增强思想政治工作感染力。高校思政工作的主责就是引导师生做社会主义核心价值观的坚定信仰者、积极传播者、模范践行者。活动是重要介质。一是活动主题要新。主旋律活动重点是抓"主"，增强教育内容"融合性"，拓宽教育思想"立体性"。创新性地将丰富的教育内容，依托各类新型载体平台去展现。二是活动形式要新。搭建多维载体平台，以师生

喜闻乐见的形式,让其自愿融入活动中,助力其成长成才。三是活动互动要新。主、客体的接受程度决定了思想政治工作的有效性,需要关注主、客体心理体验,让师生感受到新时代思想政治工作的朝气和活力。

在做"优"精神载体中增强思想政治工作实效性。高校的教风、学风和校风是校园文化的重要组成部分,是一所高校质量内涵的综合反映。教风是核心。师德要求严格的学校,必然会培养出品德高尚、学术精湛、自尊自律的教师队伍,他们的工作态度直接影响学校有序发展。学风是关键。学校健全的规章制度体系保障学风形成,良好的学风会促使学生拥有清晰的人生规划、明确的学习目标、端正的学习态度、有效的学习质量、严明的组织纪律和积极的创新精神。校风是窗口。好的校风形成需要历史沉淀、经验总结和管理实践,是学校的风向标和形象窗口,潜移默化影响师生成长。

三、创新课程,打造"接地气"的思政"金课"

习近平总书记以"八个统一"明确了推动思想政治理论课改革创新的着力点。[2]高校要在打造思政"金课"上下功夫。

探索话语体系转化。青年大学生处于思想道德形成的关键时期,用新时代语言解读思政课是学生的期盼。一是讲政治要有"家国情怀"。中华民族几千年来形成的优秀传统文化、新中国励精图治奋斗历程、中国改革开放发展史,是中国特色社会主义"四个自信"的源泉,宏大的历史积淀中蕴含的"家国情怀"成为思政课教学最丰厚的素材,思政教师要大胆探索为学生所接受的叙事方式。二是讲理论要有"温度"。中国特色社会主义理论和实践发展进入新时代,需要思政教师树立突破陈规的自觉意识,将课程讲出贴近学生思想的"亲和力"。三是讲实践要有"故事"。站在历史的维度、运用国际的视野,审视身边事、身边人和身边

的故事，用时代的生动性所在，用学生爱听的形式，展示好本地区的鲜活成就，讲好中国故事。

探索课堂教学改革。课堂教学是帮助学生学会正确思维方法的主渠道，也是创新思政课的主要场域。抓好课堂内容改革。新时代需要各类专业课程与思政课同向同行，专业教师与思政教师"双主体"齐心协力，形成协同效应。把专业中的思政元素与思政课结合起来，做到价值性和知识性的统一。抓好课堂形式创新。充分发挥技术功能，搭建线上线下相结合的思政教育平台，发挥学校融媒体的作用，提升教育鲜活度。抓好课堂空间拓展。克服原来单项"灌输"模式，思政小课堂结合社会大课堂，将火热的现实社会发展、生活感悟导入课堂，围绕学生关注点、兴趣点和体验感，彰显教育时效性。

步入社会实践教育。以未来职场为场景，打通校内外资源，形成思政教育合力，实现理论性和实践性相统一。思政课要与校内基地相结合。每一所学校都有独特的办学历史和文化，利用校史馆、校内实训中心、素质教育基地、思政文化长廊等校内资源进行教学，增加课程归属感，提升人文意识和科学精神。思政课要与校企合作单位相结合。在通过产教融合进行专业知识教育的过程中，挖掘企业中蕴含的思想政治教育资源，是丰富思政课的重要途径之一。思政课要与校地合作相结合。高校所在的地方蕴含着丰富的红色资源、地域文化资源等多种资源，是学生在更大范围、更宽领域、更深层次接受教育的重要渠道，必将对学生成长成才起到积极的作用。

参考文献：

[1] 习近平在全国高校思想政治工作会议上强调：把思想政治工作贯穿教育教学全过程　开创我国高等教育事业发展新局面 [N]. 人民日报，2016-12-09（01）.

[2] 习近平主持召开学校思想政治理论课教师座谈会强调：用新时代中国特色社会主义思想铸魂育人　贯彻党的教育方针落实立德树人根本任务［N］.人民日报，2019-03-19（01）.

(本文刊载于江苏省委主办《群众》杂志2020年第9期，有改动)

实施"五型组合联动",
高质量推进思政课建设创新发展

2021 年 6 月,为计算机工程学院上思政课

2022 年 6 月,苏州市职业大学 2022 思想政治工作年会

2019年3月18日，习近平总书记在主持召开的学校思想政治理论课教师座谈会上，提出"推动思想政治理论课改革创新，要不断增强思政课的思想性、理论性和亲和力、针对性"。[1]这为高校思政课的创新发展指明了方向。近几年来，苏州市职业大学结合自身实际，认真贯彻落实习近平总书记指示精神，充分挖掘利用校内外资源，积极应用数字化技术，实施"五型组合联动"，在师资力量、教学内容、授课场景、教学方式、质量评价等方面进行整体改革创新，大力推进思政课高质量建设发展。

一、打造"思政+专业"融合型思政课教学团队

我们在工作中深切感悟到，新时代建设高质量的高职院校思政课，必须从培养面向产业需求的技术技能人才的特性出发，建立与产教深度融合相适应的高素质思政课师资团队。据此，这几年我校在加强思政课教师队伍建设的同时，拓展思路，拓宽视野，引入校外资源，组建"思政+专业"融合型思政课教学团队，将校内的思政课教师、专业课程老师与校外的专业人士（专家学者、企业首席执行官、技能大师、非遗传承人等）组合起来，形成校地"双主体"的思政课师资团队，共上"精彩一课"，取得了可喜成效。目前学校将30多位思政教师、27名专业课程教师与校外12名专业人士，组成融合型教学团队，协同研究思政课的改革创新，共同承担思政课教学任务，已形成30多堂"思政精品课"，其中8堂课入选"学习强国"慕课平台。

二、开发"校园+社会"鲜活型思政课教学资源

我校充分利用身处苏州优秀传统文化与现代文明交相辉映典型城市的有利条件，根据新时代职业教育发展的新形势，与时俱进将"校企合作"提升到校地资源"全方位、全领域、全过程"的全面合作，将校内思政教育资源与社会广泛的教育资源进行有机整合，

注重把身边人、身边事的正能量导入思政课，使授课内容可亲、可见、可感，提升思政课的鲜活程度，达到入耳、入脑、入心的效果。

由此，我们在校内思政教育资源发掘上实行"三位一体"。一是依托苏州深厚的吴文化育人。学校建有2 500平方米的国家级大学生文化素质教育基地——吴文化园，开发具有地方特色的吴文化课程，使学生深切感受吴地历代先贤的强国梦想、家国情怀和奉献精神，感悟吴文化中浓厚的工匠精神和人文精神。二是挖掘校友校史中的红色人物故事育人。结合党史学习教育，发掘曾就读学校前身苏州工专的我党早期领导人秦邦宪（博古）对党忠诚、热忱奉献精神，曾就读学校前身省立第二女子师范、创作《中国少年先锋队队歌》的作曲家寄明等7位校史中的红色人物，讲好他们的红色故事，激发学生的革命斗志和进取精神。三是建设思政载体育人。"十三五"以来，学校坚持每年以学生为主办好5个实事工程项目，其中建成了思政文化墙、思政工作室、思政宣传长廊、健身步道人文长廊等15个项目，体现学校对学生成长成才的关心、关怀，以此教育感召学生。

与此同时，面向苏州经济建设主战场，引入三个层面的社会思政教育资源。一是先进乡村发展史。以常熟蒋巷村、张家港永联村等改革创业过程中涌现出的可敬可爱人物和事迹，教育启发学生"幸福生活是奋斗出来的"。二是典型企业成功史。以校企合作企业中苏州亨通、莱克等一批上市公司的艰苦创业、不断进取的发展过程进行教育，启迪学生"勤奋努力才能成就人生"。三是苏州"三大法宝"形成史。将改革开放以来苏州广大党员干部和人民群众创造的"张家港精神、昆山之路、园区经验"引入思政课，激发学生践行"奉献青春，强国有我"。

三、构建"固定+流动"开放型思政课教学场景

学校在积极拓展思政课教育资源的基础上，创新开辟灵活多样、

开放流动的授课场景。近年来学校提升了校内思政课教室的设施条件，新建了一批智能化教室、碑刻文化体验馆、抗挫折教育体验馆、大学生活动中心等。同时走出校门，建设一批社会实践基地，纳入教学场景，使其成为流动的思政课教室。学校组织师生开展"走基地、看变化、强信心"活动，把思政课堂设在苏州的革命博物馆、丝绸博物馆、沙家浜革命历史纪念馆、亨通集团等单位，让学生通过参观考察和现场授课，亲身感受苏州的发展成就，使改革开放先进单位变成教学课堂，经济发展典型经验变成教学案例，经济建设一线实践者变成师资力量。对此，学生普遍反映，这样的思政课令人难忘且终身受益。

四、实施"线上+线下"数字型思政课教学方式

面对"流量一代""网络原住民"当代大学生的思想特征，对思政课教学方式进行创新，引入数字化技术，建设数字型思政课。在面上实行"线上+线下"思政教育的同时，近年来投入300多万元重点建设"数字化思政教学平台"和一批思政课数字化教学载体，创建数字化思政教学体系。目前学校建有融媒管理中心，形成100多名师生组成的新媒体服务团队，支撑数字化思政建设；建立200多项信息组成的思政教育资源库，设立100多个活动座位的"数字化思政沉浸式交互体验中心"，通过教师数字化授课和学生利用扫码提问、即时互动、探讨交流等方法和途径，增强学生学习的自主性、理解性；建成遍布学校公共区域、随处可学的数字化宣传思政学习驿站33个，实行人机、人人自动体验学习，学生可获得相应学分。同时将思政课程与课程思政有机结合起来，使教师努力做精于"传道授业解惑"的"经师"和"人师"的统一者。[2]近2年来学校组织举办了41场"教授大讲堂"、30场"博士天团与你聊天"线上专业课程思政，深受学生的欢迎。

五、实行"教师+学生"双向型教学质量评价

建立科学的、适应学生需求的思政课质量评价机制,破解思政课"教师难教""学生厌学"的困惑,需要运用信息化手段,改变以往仅限于教师通过线下对学生学习状况进行评价的问题。现在通过运用"云思政"智慧评价系统,即时记录学生课堂提问、答题和线上线下作业情况,由教师单方单向封闭评价,转变为教师与学生分别进行双向开放的自主评价,让学生参与到自我评价之中,从而激发了学生的学习进取心。同时思政课督学的形式也随之发生变革,开启线上质量监督的新时代。

"五型组合联动"思政课的建设和发展,为思政课的"三教"改革创新开辟了新途径、新征程,高度契合当今学生的兴趣和特点,在落实立德树人根本任务,实现"三全育人"的道路上迈出了坚实的新步伐。

参考文献:

[1] 习近平主持召开学校思想政治理论课教师座谈会强调:用新时代中国特色社会主义思想铸魂育人 贯彻党的教育方针落实立德树人根本任务 [N]. 人民日报, 2019-03-19 (01).

[2] 习近平在中国人民大学考察时强调:坚持党的领导传承红色基因扎根大地 走出一条建设中国特色世界一流大学新路 [N]. 人民日报, 2022-04-26 (01).

(本文刊载于2022年6月6日《苏州日报》,有改动)

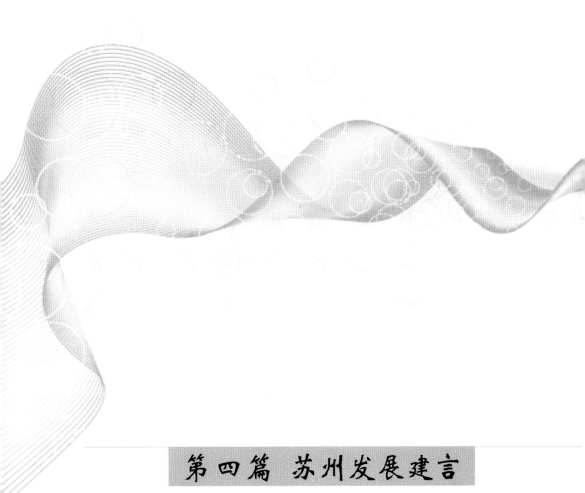

第四篇 苏州发展建言

关于经济新常态下
以质量引领求发展的思考

2016 年 4 月，学校举行苏州市现代装备制造职业教育集团 2016 年工作年会

2021 年 6 月，石湖智库举办传承"红色基因"赋能新时代苏州高质量发展学术研讨会

我国经济发展进入新常态，发展的立足点正在转到提高质量和效益上来。习近平总书记明确要求，推动中国制造向中国创造转变、中国速度向中国质量转变、中国产品向中国品牌转变。[1]只有持续不断提高经济发展质量，以质量引领发展，才能跨过"中等收入陷阱"，才能达到民富国强，才能实现中华民族伟大复兴的中国梦。

一、现实企业状况需要以质量引领发展

中国经济发展包括江苏历经30多年的改革开放，企业大量涌现，出现了一批经济规模大、技术档次好、经济效益高的骨干企业，但大量的中小企业，特别是不少乡村企业改制过来的企业，基础较差，管理水平不高，产品质量竞争力不强，产能过剩明显。我前一阶段在苏州质监局工作期间，调研了一批企业，虽然不少企业在推进质量强企、质量强业工程，但大量企业自主品牌建设、质量管理、技术标准工作明显滞后，往往以粗放型的方式、传统的管理手段维持生产经营，甚至难以为继。许多企业的主要负责人不太重视产品的质量创新，长期没有打造自主品牌，靠接单子、代加工生存，没有自身的质量、标准体系，企业面临生存危机。一些企业厂龄二三十年了，但没有自主品牌，贴牌生产，丧失质量、品牌的自主权和竞争优势。政府倡导的"以提高质量和效益为中心"的要求，与一些企业的现实情况，存在"最后一公里"的问题。由于产品质量提升、创新不够，低端产品过剩，中高端产品供应不足，以质量引领供给侧结构性改革非常迫切。

二、要以质量引领赢得质量"红利"

经济新常态下，如何获得中高速有质量、有效益的增长，是全国上下的一个重大问题。因我国产品质量创新不足，每年游客到国外购买大量商品，使国内消费市场损失巨大。这几年，我国不少城市在建设质量强市，南京、苏州、无锡、南通通过了全国质量强市

示范城市的考核,成效最明显的当属深圳。作为我国改革开放前沿地区的深圳市,在质量发展上又走在全国的前列。深圳市委、市政府前几年就率先提出"质量引领、创新驱动"的发展战略,突出提升企业的质量竞争力,涌现出一大批世界级企业和成长型的质量创新企业。2015年本地生产总值同比增长8.9%,财政收入增长30.9%;每平方公里产出财税收入3.6亿元,居全国大中城市首位;PCT(专利合作条约)国际专利申请量连续十二年居全国首位;万元GDP能耗和水耗分别下降3%和6%。[2]可以这么说,深圳经济"质量型增长"、转型升级初见成效,经济发展适应了新常态。

经济新常态下,过去支撑经济高速增长的政策、土地、人口"红利"已经消失,当下要转到以质量引领发展,追求质量"红利"。一个地区、一个城市的经济发展的竞争力,要更好地在产品技术、标准、计量、质量、品牌、服务水平提升上下功夫。因此,各级政府要更加注重质量发展、质量创新,推动政府、企业、社会各个层面高度重视质量工作,进行综合施策,特别作为市场主体、经济细胞的企业,更要突出产品质量,把质量作为企业的首位任务,实行"质量首位制",在质量创新中为市场提供有效供给,提升质量对经济增长的贡献率,为经济发展增添新动力、增强新动能,从而获取质量"红利"。

三、要以企业"质量首位制"推动质量引领的实施

根据《中华人民共和国产品质量法》《中华人民共和国特种设备安全法》等法律法规和国家的政策措施,为更好落实企业质量主体责任,追求质量"红利",有必要引导和推动企业实行"质量首位制",建立企业内部各个层面职责明确的质量责任机制,其内涵可概括为"1234"。

1. 一个主体责任。企业承担产品质量主体责任。企业对所生产(制造)、经营销售的产品质量,或提供的服务质量,承担主体责任。

2. 两个首位。首位职务抓质量，首位责任是质量。第一责任人要切实履行质量第一的责任，质量是第一责任人的第一责任。

3. 三大质量领域都可适用。产品生产、工程建设、服务行业的企业，都可推行"质量首位制"。

4. 四个层级体系。企业内部的各个层级（一般有四个层级），都应实行"质量首位制"。决策层（董事长、总经理）、管理层（分管副总经理）、实施层（科室、部门、车间）、操作层（一线班组）及每个工作岗位，各个层面都有"第一责任人切实履行质量第一的责任"。

"质量首位制"的实施，必将有利于形成全员、全过程的产品质量保证、创新体系，促进产品质量提升和竞争力增强，使广大企业走上质量引领发展之路，从而推动经济大省江苏可持续、高质量发展，在经济新常态下实现"强富美高"新江苏的目标。

参考文献：

［1］习近平在河南考察时强调：深化改革发挥优势创新思路统筹兼顾　确保经济持续健康发展社会和谐稳定［N］.人民日报，2014-05-11（01）.

［2］深圳市 2015 年国民经济和社会发展统计公报［EB/OL］.（2016-04-26）［2016-10-17］.http：//www.sz.gov.cn/cn/xxgk/fxxgj/tjsj/tjgb/content/post_1333723.html.

（本文系作者参加第 22 期省管干部进修班上的学习体会，刊载于 2016 年 11 月江苏省委党校内部刊物《励学》，有改动）

"品质为本" 炼就 "精致苏州"

2019年5月,学校召开《精致苏州与工匠精神》首发式暨研讨会

2019年5月,《苏州日报》"智库纵览"专版报道

苏州之所以有"人间天堂"的美誉，很大程度是因为苏州古城的精致特色。传统苏州工艺的精致品质，既是苏州人对生产方式和生活方式的自觉追求，也是苏州人劳动智慧和文化精神的历史结晶。

苏州被认为是"精致的城市"。有专家认为，论区域文化精神与品质特色，能以"精致"相称者，苏州当之无愧。那么，"精致苏州"是怎样炼成的？

2014年，在创建"全国质量强市示范城市"活动中，通过社会公开征集和专家审定，"精致苏州·品质为本"这八个字成为苏州城市质量精神表述语。精致，是苏州城市质量精神之魂；品质，是苏州城市质量精神之本。这八字表述语凝练了苏州这座历史文化名城对质量、品质一以贯之的追求；精致品质不仅在过去为苏州赢得"人间天堂"之美誉，而且也会在当代为苏州赢得高质量发展之先机。

2017年，习近平总书记在党的十九大报告中指出，我国经济已由高速增长阶段转向高质量发展阶段，必须坚持质量第一、效益优先，建设知识型、技能型、创新型劳动者大军，弘扬劳模精神和工匠精神，营造劳动光荣的社会风尚和精益求精的敬业风气。[1]为了建设质量强国，李克强总理2016年至2018年连续三年在《政府工作报告》中提到"工匠精神"。[2]

《精致苏州与工匠精神》响应了大力弘扬工匠精神，建设质量强国的新时代要求。本书通过深入挖掘苏州传统文化中精美雅致的文化品格，结合当下政府倡导的工匠精神，对苏州质量文化与工匠精神进行归纳、总结和提炼，从苏州质量文化、苏州工匠精神的理论阐述，到苏州传统工艺最能体现精致特征之品种的生动展示，再到苏州当代最具典范意义的现代企业和能工巧匠的风采描述，全书内容始于远古，迄于当代，理论和案例紧密结合，古典与现代交相辉映，充分体现了"精致苏州·品质为本"的苏州城市质量精神。

2018年，为开启苏州高质量发展新时代，深化质量强市建设，市政府出台了《苏州市质量强市工作2018年行动计划》，提出要深化"全国质量强市示范城市"创建成果，总结推广经验，发挥优势、补足短板，为苏州争做"强富美高"新江苏先行军排头兵提供坚实质量保障。其中，文件要求广泛宣传"精致苏州·品质为本"的城市质量精神，推进质量主题教育，倡导工匠精神，营造尊重技术、崇尚质量、推崇品牌的良好社会氛围。由此可见，《精致苏州与工匠精神》的出版发行恰逢其时，本书可以成为宣传苏州质量文化，讲好"精致苏州"品牌故事，塑造"苏州'质'造"品牌形象，培育和弘扬苏州工匠精神的适用教材。

在长三角区域一体化发展即将达到新高度的背景下，苏州在新时代新一轮高质量发展的强大势能已经形成，质量强市建设的新征程已经开启。相信《精致苏州与工匠精神》能够助力苏州质量文化建设，彰显精致品质，弘扬工匠精神，让苏州人蕴藏在骨子里的精细雅致、追求完美的质量精神代代传承、发扬光大，以高质量发展创造城市竞争新优势，全力助推苏州勇当"两个标杆"、建设"四个名城"，努力谱写中国梦的苏州质量新篇章，让苏州在新时代真正成为令人向往的品质天堂。

参考文献：

［1］习近平. 论把握新发展阶段、贯彻新发展理念、构建新发展格局［M］. 北京：中央文献出版社，2021：193-194.

［2］付杰锋. 用工匠精神塑造新时代劳动者［N］. 湖南日报，2018-09-29（06）.

（本文系作者主编的《精致苏州与工匠精神》一书"后记"改写，刊载于2019年5月14日《苏州日报》，有改动）

苏州"三大法宝"赋能新时代推动新发展

2019年6月,走访调研张家港,学习"永联之路"

2020年5月,石湖智库举办"三大法宝"与
新时代苏州开放再出发学术研讨会

改革开放40多年来，苏州取得了具有典型引领意义的发展成就。从中分析，不难发现，苏州之所以走出一条成功之路，很大原因是苏州这片土地孕育出了以吴地文化为底蕴、以"两个率先"为根本指向、以"三大法宝"为主要路标的具有恒久传承意义的"苏州精神"。

2005年9月起，苏州市委、市政府对改革开放以来在苏州形成的"张家港精神""昆山之路""园区经验"进行了高度概括，称之为苏州"三大法宝"。"张家港精神"是指"团结拼搏、负重奋进、自加压力、敢于争先"；"昆山之路"的核心精神是"艰苦创业、勇于创新、争先创优"；"园区经验"的核心精神是"借鉴、创新、圆融、共赢"。

吴地土质肥沃，山温水软。几千年来，吴文化一直是滋养吴地人民的丰富精神食粮，养成了吴地人民坚定从容的品格、开放包容的胸怀，在某种程度上造就了苏州人民爱国、爱家、热爱故土的价值取向；同时，自古以来，吴文化里一直流淌着崇文重教、尊重人才、勇于创造的社会风尚和精神品质，这使得苏州随处可见浓郁的人文气息和奋发向上的勃勃生机。苏州"三大法宝"，是吴文化在改革开放时代的全新演绎，是苏州的城市灵魂和内在气质，是苏州人民在现代化建设的伟大实践中培养、塑造的一种时代精神，更是新时代推动苏州文化经济高质量发展的动力源泉。我在苏州出生成长工作至今，特别在苏州市委、市政府部门工作了近40年，亲身经历苏州"三大法宝"形成过程，深受苏州"三大法宝"的精神鼓舞，深感苏州"三大法宝"具备多维发展、持续发展的特质和能力，在新时代需要新发展。

一、要深挖吴地文化历史，拓展内涵底蕴，以苏州"三大法宝"的历史积淀赋能新时代文化经济建设

在文化渊源上，吴文化是苏州本土的历史文化。苏州历史上名

人辈出，范仲淹的"先天下之忧而忧，后天下之乐而乐"，顾炎武的"天下兴亡，匹夫有责"震古烁今；苏州的文化遗产颇多，既有古典园林、大运河苏州段等世界文化遗产，又有昆曲、宋锦、缂丝、香山帮传统建筑营造技艺等世界非物质文化遗产绵延至今。这些都是苏州"三大法宝"的天然资源、人文基因，是可供广泛研究的文化形态。

在区域上，苏州"三大法宝"是对苏州范围内张家港市、昆山市、苏州工业园区改革发展经验的高度凝练，这一凝练又不仅限于上述区域，更是对苏州整个区域各地方板块改革发展经验的高度凝练。《人民日报》在1993年12月15日的头版头条发表了《苏州跃起六只虎》，展示出苏州的"三大法宝"是全市范围各区域各板块相互比拼赶超中形成的。因此，苏州全域范围的改革发展历史，都是苏州"三大法宝"的内涵底蕴。

历史是人民群众的历史，是人民群众的实践史、活动史和思想史。苏州"三大法宝"是苏州人民群众在党的领导指引下，以改革开放为主要时期，遵循社会发展规律，结合地方发展实际，发挥首创精神和主观能动性，干出的一番事业、拼出的一片天地、闯出的一条路径、创出的一种模式。

苏州"三大法宝"更需要深度挖掘的历史资源，应该是苏州的中国共产党革命史、建设史，特别是改革开放史。中国共产党领导下的苏州广大党员干部和人民群众的奋斗建设史，是苏州"三大法宝"的坚实基础和直接来源。苏州"三大法宝"不是凭空产生、从天上掉下来的，而是在党的领导下干出来的、拼出来的、闯出来的、创出来的，"红色"是苏州"三大法宝"的底色和印记，讲好苏州"三大法宝"就是讲好党的革命史、建设史和发展史。

二、要立足实践，投身当下，以苏州"三大法宝"持续推进苏州新时代新发展

实践是理论的基础，理论是实践的反映。苏州"三大法宝"源自改革开放和现代化建设实践,来自苏州人民群众的实践。苏州"三大法宝"的深化完善、持续发展,也离不开进一步投身实践,与当前火红的年代、火热的事业紧密结合,获得源源不断的鲜活经验,实现理论及实践的持续跃升。

当前苏州的高质量发展的社会实践,是苏州"三大法宝"优化完善、丰富发展的重大机遇。在习近平新时代中国特色社会主义思想指导下,苏州要找准自己定位,积极投入"一带一路"建设、长江经济带发展、长三角一体化等,在"强富美高"新江苏发展中,不仅要成为高水平全面建成小康社会的标杆,而且要成为探索具有时代特征、江苏特点的中国特色社会主义现代化道路的标杆。这些是推进苏州"三大法宝"在新时代获得新发展的直接实践基础。习近平总书记指出,中华优秀传统文化是中华民族的精神命脉,是涵养社会主义核心价值观的重要源泉,也是我们在世界文化激荡中站稳脚跟的坚实根基。[1]几千年的历史流变尽管历经曲折艰难,但最终我们取得了无数辉煌成就。因此,在当下苏州经济社会转型期,弘扬苏州"三大法宝"思想精髓,发掘吴地文化价值,将优秀传统文化与社会主义核心价值观有机融合,能够更好地推动苏州经济社会的高质量发展。

三、要紧密结合高校实际,融入立德树人全过程,以苏州"三大法宝"增强教书育人功能

习近平总书记指出,我们党立志于中华民族千秋伟业,必须培养一代又一代拥护中国共产党领导和我国社会主义制度、立志为中国特色社会主义事业奋斗终身的有用人才。在这个根本问题上,必须旗帜鲜明、毫不含糊。[2]立德树人是新时代中国特色社会主义教育的根本任务,为党育人、为国育才是新时代高校教育工作、人才培养的核心要求。强化思想政治教育是实现立德树人培养目标的主要抓手,进一步加强大学生思想政治教育的实效性是切入点和着力点,

这就需要在教师、教材、教法等"三教"上下功夫。苏州"三大法宝"在新时代的新发展，可以为"三教"改革注入丰富的内涵，用苏州改革发展过程中的身边人、身边事进行教育教学。对于高校而言，要通过将苏州"三大法宝"加入校本教材开展教育教学，"见微知著、以小见大"，让大学生深刻体会中国共产党带领人民群众在革命、建设和发展中取得的丰功伟绩、展现的精神伟力。苏州"三大法宝"形成过程中涌现出的众多榜样人物和先进事迹，是最好的教材，是对教师成长、教法提高最好的推动，是新时代中国特色社会主义的生动诠释。在立德树人的教育教学中，激励大学生努力奋进，不断谱写新时代中国特色社会主义苏州奋斗的新篇章，就是苏州"三大法宝"发挥的最好作用。

参考文献：

［1］习近平总书记在文艺工作座谈会上的重要讲话公开发表［N］.人民日报，2015-10-15（01）.

［2］习近平主持召开学校思想政治理论课教师座谈会强调：用新时代中国特色社会主义思想铸魂育人　贯彻党的教育方针落实立德树人根本任务［N］.人民日报，2019-03-19（01）.

（本文系作者于2020年5月15日参加苏州石湖智库"'三大法宝'与新时代苏州开放再出发"学术研讨会上的发言稿，主要内容刊载于《苏州教育学院学报》2020年第6期，有改动）

党的改革开放伟大创举在苏州的成功实践

2018年5月,"砥砺奋进新时代 聚力改革铸辉煌"
——庆祝改革开放40周年文艺汇演

2021年12月,为电子信息工程学院师生
宣讲学习贯彻党的十九届六中全会精神

在学习贯彻党的十九届六中全会《中共中央关于党的百年奋斗重大成就和历史经验的决议》过程中，我深刻体会到，一个历史上的"小苏州"，成长为今天全国名列前茅的大工业城市，世界上著名的制造业城市，令人向往的创业宜居城市，其根本的源泉是苏州各级党组织、广大党员干部和全体苏州人民，在党的领导下，积极贯彻执行党的路线、方针、政策，结合苏州实际，改革开放40多年来创造性地开展工作。这充分展现了党的改革开放伟大创举在苏州得到成功实践，并形成了具有苏州地方特色的成功做法和可推广、可复制的宝贵经验。

一是敢于改革创新。创建乡村企业，形成"苏南模式"；建立开发区，全国第一出口加工区进驻苏州，与新加坡合作创新设立苏州工业园区；抓住浦东开发开放机遇，开拓外向型经济，发展外资企业；推进产业转型升级，发展高新技术企业；实施智能化改造数字化转型，打造"苏州制造""江南文化"品牌；等等。每个时期，苏州都能抢抓机遇，大力度进行改革创新，推动了经济社会的大发展，实现了"农转工""内转外"，并正在推进"量转质""低转高"发展。

二是勇于创先争优。苏州没有把自身的发展定位在一般的地级市层面，而是勇于争第一、创唯一，进入"无人区"探索发展，与直辖市、副省级城市对标，向世界发达城市学习，敢于同强者比、和勇者赛，争先、率先、领先在各级层面蔚然成风。县域、乡镇、企业之间相互学习竞赛，比学赶超，创造出了如今生机勃勃的新苏州。

三是善于协调发展。苏州多年来注重协调发展。党中央提出新发展理念后，苏州更是在"创新、协调、绿色、开放、共享"发展上下功夫，创造了许多好经验、好做法，成为全国协调发展的典范。城乡之间协调发展，县域之间协调发展，三次产业协调发展，经济建设与生态环境协调发展，经济发展与社会事业协调发展，历史文化保护与现代文明建设协调发展，等等。协调发展，造就了苏州一张亮丽的名片。

四是乐于担当奉献。苏州各级党组织和广大党员干部，积极发挥战斗堡垒作用和先锋模范作用，敢于负责，勇于担当，为负责者负责，为担当者担当，"为官一任，造福一方"，"努力到无能为力，拼搏到感动自己"，创造了担当奉献的优良氛围。苏州"三大法宝"的"张家港精神""昆山之路""园区经验"的形成和发扬光大，是苏州党员干部和人民群众担当奉献精神的充分展现。

五是源于文化力量。文化力量巨大无比，文明风尚促进发展。习近平总书记强调，文化自信，是更基础、更广泛、更深厚的自信。[1]苏州的各级党员干部，创造性地贯彻落实毛泽东思想、邓小平理论、"三个代表"重要思想、科学发展观、习近平新时代中国特色社会主义思想，注重加强党的建设，推进从严管党治党，创造了许多好的经验在全国范围推广。同时将党的理论、思想和作风与中华先进文化特别是吴地优秀传统文化相融合，不断传承弘扬、与时俱进，构建起苏州优良的党风、干部作风，带动了优良民风的呈现，形成了"谦和友善、开放包容、守正创新、追求卓越"的现代苏州文化特质和文明风尚。苏州率先创建成为全国文明城市群。从而构建起良好的"营商"环境，推动了全国甚至全球人才资源、技术资源、资金资本纷纷汇聚苏州，大大增强了苏州的发展活力和发展潜力，形成了持续健康发展的良性循环。

参考文献：

[1] 中共中央宣传部. 习近平新时代中国特色社会主义思想三十讲 [M]. 北京：学习出版社，2018：94.

（本文系作者2021年11月18日在苏职大党委理论学习中心组学习十九届六中全会精神研讨会上的发言稿整理而成）

数字经济时代苏州加快释放"四种红利"的建议

苏州经过改革开放 40 多年的高速发展,经济实力、发展质量跻身全国前列。在当前世界局势复杂演变,国内疫情近期多发,苏州土地空间、能源资源、环境容量、劳动力成本等方面约束日益趋紧的情况下,市委、市政府基于发展大势,结合苏州实际,做出了数字经济时代产业创新集群发展的重要部署,这是苏州赢得新一轮竞争优势,创造新的发展"红利"的战略抉择。在数字经济时代,我市应该在发挥现有优势的基础上,着力追求"四种红利",化比较优势为发展胜势,推动苏州在数字经济时代高质量发展中继续走在全国前列。

一、营造数字经济时代"干部机制红利"

习近平总书记强调,各级领导干部要提高数字经济思维能力和专业素质,增强发展数字经济本领,强化安全意识,推动数字经济更好服务和融入新发展格局。[1]苏州的党员干部历来有干事创业、敢于担当的好传统,"张家港精神""昆山之路"和"园区经验"等都是全市党员干部带领人民群众敢闯敢干、开拓奋进的生动写照。在数字经济时代下,管理服务的对象、内涵、要求都发生了新变化,苏州各级党政干部、企业管理者都面临着新的重大考验,迫切需要建设一支能够驾驭数字经济发展的新型干部队伍,构建新一轮适应数字经济发展的"最优营商环境",形成苏州干部队伍优质服务的机制"红利"。建议苏州在建设数字经济干部队伍方面,从"三个一批"上下功夫。一是选拔任用一批。根据当前数字经济发展的需要,从具有数字经济相关专业背景、现从事数字经济管理的干部中选用一批干部，安排到重要领导岗位工作。二是组织培训一批。借鉴苏州组织干部赴新加坡培训学习发展开放型经济的成功经验，选派一批年纪轻、学历高的干部赴上海、深圳、杭州等城市实训，深层次体悟先行城市发展数字经济的逻辑和实践。三是一线锻炼一批。选调一批干部到基层、进企业，在发展数字经济的第一线加以锻炼，进行沉浸式、实操性培养。通过系统性的培养机制，让具有数字经济素养、富有基层成长经历的干部脱颖而出，成为数字经济时代干部队伍的骨干力量。

二、打造数字经济时代"质量品牌红利"

质量品牌是经济发展的核心竞争力。在当前数字经济发展的起始阶段，要把追求质量品牌红利的要求贯穿其中，使质量品牌建设理念深深植入政府部门、市场主体。一是建立"数字经济质量品牌标杆企业"认定标准。试行"数字经济质量品牌标杆企业"评选活动，打造一批数字经济的示范企业，在全市发挥引领推广作用。二是建设"数字经济质量品牌示范区"。研究相关支持政策，推动产业园区、科技园区创建"数字经济质量品牌示范区"，示范带动全市各园区载体向数字化转型升级，实现开发区的"二次开发"，撬动新一轮发展的引擎。三是培育一批第三方专业服务机构。通过苏州人力资源服务业产业园、苏州高新区知识产权服务业集聚区等载体，引育一批服务数字经济质量品牌建设的第三方专业服务机构，为数字经济标准设立、质量发展、品牌建设提供专业的公共服务。同时，在每年的"苏州市市长质量奖""苏州市质量奖"评选、"苏州制造"品牌认证方面，划出一定名额专门用于数字产业企业，发挥引导激励作用。

三、创造数字经济时代"研发产出红利"

当前，以数字技术为代表的新一轮科技革命和产业变革突飞猛进，数字经济领域不断产生新的技术并进入工程化、商业化阶段。苏州工业基础厚实，随着近年来一批高端产业研发机构、国内国际高水平大学落户，众多科技型企业快速发展，苏州有能力成为数字经济创新策源地，有能力成为数字化发展标杆城市。一是更加注重数字融合创新。全面打响"工业互联网看苏州"品牌，支持企业推动研发设计、生产加工、经营管理、销售服务等业务全链条数字化改造，打造数字化、网络化、智能化"三化"工厂；推动数字技术与先进材料、装备制造、生物医药等优势产业的交叉融合，支持新技术新模式新业态的发展。二是更加注重市场主体型研发机构的培育。聚焦数字金融、智能网联汽车等我市数字经济优势领域，积极引进大院大所，建设新型研发机构，做大做强产业创新集群；借鉴过去生产性服务业从母体公司剥离出来的做法，推动一批实力强的科技型企业中的研发资源分离出来，建立具有独立法人资格的研发型企业；进一步深化科研机制改革，由目前侧重对科研项目前期的资助，转到重点根据科研产出成效大小进行激励，推动创新链更好赋能产业链。三是更加注重融入全球创新网络。在经济发展"双循环"背景下，在引进资源发展的同时，要进一步鼓励科研机构、高等学校、重点企业"走出去"，推动创新阵地前移。

四、铸造数字经济时代"工程师人才红利"

发展数字经济，既要有一大批高端研发型人才，又要有面广量大的技能型、实操型工程师人才队伍，但目前我市面临着数字技术工程师队伍短缺，社会地位不高等问题，制约着创新成果到产品的有效转化。建议我市以实施"卓越工程师铸造行动""技术技能人才倍增行动"为契机，加大工程师、高技能人才、专业技术人才培养力度。一是推动职业教育高质量发展。建议把全市17所高职院校纳入苏州名城名校发展战略，重点支持建设一批本科层次的职业技术大学。二是加快培养工程师人才。推动我市本科高校面向数字经济发展需求,选择一批专业转为应用技术型专业,使苏州引育高端人才与技能型工程师人才队伍相互匹配、双轮驱动。三是赋予工程师更大的获得感。放大"苏州时代工匠"的社会效应,涌现出更多的时代工匠服务经济社会发展;将列入卓越工程师的人才,比照享受高端人才的政策,在人才公寓、住房购置、医疗待遇、子女教育、配偶就业等方面给予优惠保障,提高工程师的社会地位,有力支撑苏州构建数字经济产业蓬勃发展的新格局。

参考文献:

[1] 习近平主持中央政治局第三十四次集体学习:把握数字经济发展趋势和规律 推动我国数字经济健康发展[EB/OL].(2021-10-19)[2022-1-20]. http://www.gov.cn/xinwen/2021-10/19/content_5643653.htm.

(本文刊载于苏州市委办公室、研究室《调研与参考》2022年第50期,有改动)

后　记

　　人们常有这种感觉，从工作岗位退下来之后，对曾经从事的工作更加珍视。我过去有多年时间为苏州市委领导撰写提供材料，到学校工作后，自己有机会将写出的一些稿子整理编印成书，实为幸事。书中内容，既是我本人的劳作成果，同时也凝聚着苏职大领导班子和其他同事的集体智慧和汗水。

　　当年为了减轻家里负担，我放弃高考，经招录筛选，走上了苏州地区机关机要员的工作岗位，选择先就业，再求学。1982年苏州广播电视大学（之后与原苏职大合并，成立新的苏州市职业大学）招收第一届中文专业学员，我成为其中的一员。30多年后，我有幸来到苏州市职业大学担任党委书记，为母校的发展做了一些工作。

　　本书中收录的文稿，都是我到母校工作后至2022年5月初完成的，分成四个部分，包括19篇文章，其中大多公开发表过，有7篇是校内发言稿或登载在内部刊物上。

　　经过几个月的编校，今天该书终可定稿。在此期间，得到了苏职大领导、同事以及出版社同志的深切关心和鼎力支持，特此深致谢意！

钮雪林

2023年1月8日